고길자 수필집

가을빛으로 남고 싶다

소소리

가을빛으로 남고 싶다

고길자 수필집

1판 1쇄 인쇄/ 2017년 1월 20일
1판 1쇄 발행/ 2017년 1월 25일

지은이 / 고 길 자
펴낸이 / 우 희 정
펴낸곳 / 도서출판 소소리

등록 / 제300-2007-21호
주소 / 03073 서울 종로구 성균관로 5길 39-16
전화 / 765-5663, 010-4265-5663
e-mail: sosori39@hanmail.net
www.sosori.net

값 12,000 원

*잘못된 책은 바꿔드립니다.

ISBN 979-11-5891-067-9 03810

가을빛으로 남고 싶다

고길자 수필집

책을 내면서

꿈은 이루어진다는 말이 있듯이 간절히 갈망하면 꿈은 이루는 것 같습니다. 어려서부터 책 읽는 것을 좋아하면서 수필이 뭔지도 모르고 시와 수필, 그리고 소설들을 재미있게 읽으며 울고 웃었습니다. 어떻게 하면 이렇게 남의 마음을 움직일 수 있는지 작가들이 부러웠습니다.

그러나 어려운 환경에서 많은 책을 살 수 없어 친구 집이나 친척집, 책이 있으면 누구에게든 빌려 봤습니다. 그리고 내가 엄마가 되고 학부형이 되어서는 내 것보다 아이들에게 더 많은 것을 챙겨주기 바빴습니다.

아이들이 대학을 가고 석사, 박사공부를 하던 어느 날 나도 배우고 싶은 욕망이 생겼습니다. 그래서 문화원에 갔습니다. 그곳에서 수필 하는 분의 소개로 오창익 교수님의 제자가 되어 글을 쓸 수 있는 꿈을 꾸기 시작했습니다. 그렇게 꿈꾸는 기쁨도 잠시, 신은 나를 하늘이 무너지는 것 같은 어둠 속으로 끌고 갔습니다. 중국북경대학원에서 공부하고 돌아와 중국어를 한국어로 번역하던 막내아들을 갑자기 잃었습니다. 유학 때문에 함께 하지 못한 시간들이 너무도 아쉬워 나를 더 아프게 했습니다.

그 아픔을 잊기 위해 더 열심히 글을 썼고, 얼마 후 등단하게 되었습니다. 등단통지서를 받던 날 기쁘고 가슴이 떨렸습니다. 그런데 그 후 글은 써 뭐하느냐는 회한(悔恨)과 자괴감(自塊感)이 들면서 넋두리로, 낙서로 엉망이 되고 써지지 않았습니다.

그렇게 14년, 아직도 그 아픔이 수시로 살아나지만, 가족들이 있어 때때로 적어 놓은 것을 부끄러움을 무릅쓰고 용기 내어 늦게나마 책으로 엮게 되었습니다. 그동안 햇살처럼 저를 챙겨준 가족과 여러 선생님들의 고마움을 생각하면서, 이곳으로 인도 해주신 신명미 수필가님께 감사하며, 부족한 글이지만 책을 낼 수 있도록 도와주신 유영숙 선생님 진심으로 감사합니다.

2017년 새해에

저자 고길자

▶ 차 례

1. 여름의 끝자락에서

2. 행복의 이름으로

3. 여자들의 수다

4. 고라니에게 부탁을

1.

여름의 끝자락에서

큰집이 좋다

아무것도 할 줄 모르면서 장손과 결혼하니 종갓집 종부가 되었다. 명절이거나 제사가 있을 때는 늘 어머니가 하시는 것만 보면서 보조역할만 하다 어머님이 돌아가시니 걱정이 이만저만이 아니었지만 숙모님과 고모님이 시키는 대로 배워 이제는 집에 오는 동서와 며느리들을 데리고 종부의 할 일을 하고 있다.

젊은 시절 때로는 힘들다 말도 못하고 짜증스러워 장손에게 시집보내지 않겠다는 친정어머니의 말을 떠올리곤 했는데 요즈음은 큰집이 되어 행복할 때도 있다.

큰아이가 50을 눈앞에 두고 있으니 명절 때는 말할 것도 없지만 크고 작은 일에도 시동생들은 남편을 찾아와 의논하고, 동서 역시 자기의 가정에 좋고 그른 일들을 터놓고 하소연을 한다. 그래서 시동생들은 큰집이며 형네집이라고 하고, 자식들은 부모님집이며 손자에게는 할아버지, 할머니 집. 시고모님에게는 친정집이다. 몇 달 전에 혼자되신 고모님이 마음을 추스르기 힘들어 하실 때면 딸이 우리 집에 모셔다 놓고 간다. 그럴 때면 집에서 못 이룬 잠을 푹 잤다고 하신다. 이렇게 언제 찾아와도 부담스럽지 않고 편하게 쉴 수 있는 곳이다. 다만 가족이 모이면 며느리들은 밥하기가 좀 번거롭지만 웃으면서 당연히 해야 하는 걸로 알고 하니 고맙다. 그래서 요즈음은 아이들 수고를 덜기 위해 웬만하면 외식을 하는 편이다.

하지만 가족이 모일 때도 있지만 혼자서 오기도 하는 가족들, 집에 말하지 않고 오는 날은 우리 집에서 전화한다. 시동생도 아들들도. 그럴 때면 동서나 며느리들도 남편이 늦은 시간까지 있어도 걱정하지 않는다. 시간이 여유로우면 점심 먹으러 가자고 서울에서 천안까지 형제들이 내려오기도 하고, 아들들도 휴일날 오지 못하면 전화로 안부를 물어온다. 남편 건강이 좋지 않으니 걱정되지만 고마운 것은 남편과 늘 의논하면서 따라주는 마음들이다.

얼마 전에는 시동생이 갑자기 폐암 초기라는 진단을 받고 수술했다. 다행히 초기였지만 가족 모두가 비상사태로 긴장했다. 다행히 시술이 잘 끝나고 우리가 찾아갔을 때는 병실 앞에서

운동하고 있었다. 70된 형과 60중반을 넘긴 형제가 끌어안고 눈물을 흘린다. 안도의 한숨을 쉰다. 서로 건강을 걱정하면서.

퇴원 일주일 후 사소한 일로 불화가 있다며 동서가 도움을 청했다. 밤잠을 설치며 고민하던 남편이 올라갔다. 교회의 권사요, 장로인 그들은 남편에게 호된 꾸지람을 들었다. "신앙을 가지고 사는 사람들이 과연 진실로 올바른 신앙을 가지고 사느냐?"고.

다음날 시동생은 기침을 하면서 힘없는 모습으로 형을 보러 왔다. 어젯밤 형에게 미안했나 보다. 기침을 해 병원에 들러오는 길이라며 들어서자마자 점심시간이 훨씬 지났는데 밥을 달라고 한다. 찬밥이라도 남았으면 물 말아 된장에 고추 먹으면 된다고. 부지런히 콩을 넣고 밥을 해주니 맛있게 먹고 난 후 양말을 벗는다. 한 번도 그런 행동을 한 적이 없었는데. 몸이 축 늘어지는 것 같은 느낌이다. 안쓰럽다. 방에서 쉬게 하고 우리는 밖으로 나와 기다리고 있을 동서에게 전화를 했다. 동서는 메시지로 남편을 찾으려고 하던 중이라면서 고맙다고 한다. 한잠을 자고 난 시동생은 우리가 담아준 옥수수와 토마토를 가지고 돌아갔다.

그들이 언제나 찾아와 마음의 위로를 받고 갈 수 있는 곳으로 인정을 해주기에 나는 가족 모두에게 감사한다. 그리고 윗사람이기에 힘겹고 마음 무거운 것도 있지만 큰집이라는 것이 좋다. 모두의 마음을 담을 수 있는 큰집, 집이 큰 것이 아니라 마음을 담을 수 있는 큰집이어서 좋다.

여름 끝자락에서

마늘을 수확하고 빈 밭으로 남겨두었던 자리에 또 다시 작물을 심으며 겨울준비를 하고 있다. 무와 배추 그리고 파를 심고, 하지 감자를 캐낸 자리에는 팥을 심어 잘 자라고 있다. 맛 좋은 옥수수는 수확하고 대는 넝쿨 콩이 올라가도록 그대로 두었더니 잘 타고 올라간다. 엊그제만 해도 더워서 움직이는 것조차 힘들었는데 조석으로 부는 바람이 차갑게 스친다. 밤이면 문을 모두 닫고 얇은 이불을 덮어야 잠들 수 있는가 하면, 시골마당에는 가을을 알리기라도 하듯 고추가 널려 있다. 복숭아와 포도가 익고 이른 사과도 맛이 들어간다. 이른 밤나무에서는 밤송이가 입을 벌리고 있다. 추석은 아직 한 달이나 남았는데 벌써 차례상에 오를 준비를 하는 밤. 이렇게 과일도 익고, 이른 벼가

누렇게 익어가고 늦은 벼는 피기 시작하고 있다. 벼라는 같은 이름을 가지고 있으면서도 늦고 빠름을 시간에 맞춰 자연에 순응하고 있다. 금년 추석에는 햅쌀밥을 차례 상에 올릴 것 같다. 그런가 하면 가을축제라도 하듯 잠자리 떼가 온 마당을 비행하고 평화로운 초가을 분위기가 무르익어간다. 마당 한쪽에서는 생과 사가 엇갈리는 광경이 벌어지기도 한다. 개구리가 메뚜기, 귀뚜라미 등 작은 곤충들을 사냥하러 뛰어다닌다. 그러다 살려달라는 신음소리에 살펴보면 화사(花蛇, 꽃뱀)가 개구리를 물고 달아나는 삶의 전쟁, 천당과 지옥을 바로 눈앞에서 저들이 펼치고 있다. 이렇게 가을은 시작부터 풍성하고 오색빛깔로 펼친다.

땅콩을 심은 밭에는 서생원이 우거진 수풀 속에서 주인보다 먼저 맛을 보는 것이 염치가 구단이다. 주인의 게으름을 조롱하며 즐기는가 싶다. 건너편 밭으로 눈을 돌리면, 밭가에 수수들이 붉은 자루를 머리에 쓰고 묵묵히 서서 베풀고 갈 날 기다리는 것 같다. 수수가 아니어도 넓은 들에 먹이가 많은데 참새 떼가 몰려와 주인의 몫을 적게 하는 것을 막는 방법이다. 하지만 그 모습이 어찌 보면 우리의 인생사와 같아 삶이 무엇인가 깨달음을 주는 것 같기도 하다.

마냥 철없는 시절을 보내고, 옳고 그름을 느끼고 살다 어느 날 헤어날 수 없는 병마에 걸리고, 언제 떠날 줄도 모르면서 마지막 심판의 날을 기다리는 운명처럼.

이곳 천안 광덕으로 와 사귄 남편의 친구가 있다. 매일같이 등산하는 유일한 친구였는데 정들자 이별이라고 지금 암과 투병하고 있다. 빨간 자루를 쓰고 있는 수수처럼 암이란 올가미에 걸려 빠져 나올 수 없게 된 환자의 삶도, 거역할 수 없어 심판의 날을 기다린다고 생각하니 인생무상(無常)이란 이런 걸 말하는가. 때가 되면 모든 것 다 버리고 가야 하는 것을 알기에 환자 본인도 데리러 올 시간을 기다린다고 한다. 그가 투병 중에도 이겨내리라 믿으며 우리는 함께 차를 타고 가까운 곳으로 점심 먹으러 다녔다. 그런데 요즈음은 음식을 넘기지 못하고 목소리까지 귀를 기울여야 들을 수 있다.

그 몸으로 며칠 전까지만 해도 우리 집에 왔다갔는데 이제는 그마저도 못해 찾아가면 그의 아내는 밭에 나가고 혼자 자리에서 쓸쓸히 누웠다가 아픔을 감추며 일어나 웃으면서 반긴다. 밀려오는 고통을 표현하지 않으려고 애쓰는 것이 안타까워 잠깐 있다 돌아올 때마다 건강이 좋지 못한 남편은 내색은 않지만 힘들어 하는 게 역력하다. 서로 마음이 통한 좋은 친구를 만났다고 좋아하며 늦게 만났음을 아쉬워한다. 그는 자기가 떠난 후에도 좋은 사람들이니 우리와 잘 지내라고 부인에게 말한단다.

사람이 떠날 때가 되면 아무 고통 없이 아름다운 꿈꾸듯 가기를 누구나 소망하지만 그렇게 쉬운 일인가. 너무 늦게 만난 인연, 주사기를 주렁주렁 달고 호흡기를 코에 대고 있으면서도 병문안 간 우리를 초롱초롱한 눈빛으로 바라보며 웃는 황혼에 만난 친구. 여름이 모두 사라지고 가을이 오면 나뭇잎도 인연의 끈을 놓고 떨어지듯, 그렇게 남편친구도 이제 떠나려하고 있다. 지푸라기라도 있으면 잡고 싶다는 그의 말이 오래토록 귓전에서 맴돌 것 같지만 어쩔 수 없는 운명의 순간이 올까봐 안타까운 마음으로 지켜볼 뿐이다.

가을빛으로 남고 싶다

가을은 아름답다. 여름의 활력을 보듬어 속살로 굳힌 신령스런 가을빛이 있음으로써 더욱 아름답다. 그래서 사람들은 가을 석 달을 보다 알뜰하게 살기 위해 익히는 가을, 수확하는 가을, 보내는 가을로 나누어 감사와 풍요를 누리는가 보다.

이렇듯 곱게 머물렀던 가을은 떠날 때도 화려하고 곱다. 역시 최선을 다한 자의 뒷모습 같은 가을빛 때문이다. 찬바람이 오기 전에 지녔던 모든 것을 아낌없이 주고 간다. 그래서 가을은, 아니 가을빛은 질서와 순환의 미덕, 그 아름다움까지를 느끼게 한다.

아무리 과학이 발달했어도 이런 자연의 이치만은 외면할 수가 없다. 예컨대 우리는 태어나는 것도 마음대로 할 수 없으며,

아들이든 딸이든 태어난 대로 키우면서 가을날 같은 기대에 젖어 살아간다. 사람들은 여름날 푸른 나무처럼 씩씩하게 자라는 아이를 보면서 인생을 설계하고 제일 큰 나무로 키우려고 노력한다. 그러기 위해 힘들고 고달파도 참고 이겨 내는 것이 우리네 인생살이다.

사람만이 아니다. 미물에게도 자식에 대한 사랑은 다를 바 없다. 물고기도 알을 낳아 암수가 번갈아 가면서 부화가 되기를 기다리는 것을 보았다. 또 먹이도 먹지 않고 새끼를 부화시켜 놓으면, 그 새끼는 부모의 시체를 먹고 자라기도 한다. 그들도 새끼가 살아남아 다음 세대를 이어주기 바라면서 죽어가는 것이다. 이러한 것이 자연의 법칙이며, 사랑으로 엮어가는 세상의 이치요, 아름다움을 남기고 떠나는 가을이라는 계절과 같은 것은 아닐까?

그런데 정작 나 자신은 그 순환의 이치나 섭리의 묘를 모르고 사는 느낌이다. 그 때문에 때로 힘이 들고, 때로는 지친다. 내 아이들에게도 올바른 교육이 무엇인지 모르고 이렇게 저렇게 사랑만 부어준 것만 같다. 스스로 깨우치고 스스로 일어서게 해야 했는데….

나에겐 직장에 다니는 평범하게 살고 있는 아이도 있지만, 밤이 늦도록 컴퓨터 앞에 앉아 있다가 아침에 못 일어나고 늦

잠 자는 녀석도 있다. 일어나라고 깨우면 알았다고 하면서 잠에서 헤어나지 못한다. 이럴 때는 화도 난다. 그때마다 일어나라는 재촉과 함께 잔소리도 한다. 그러면 아이는 "또 잔소리…." 하면서 일어나지만 화가 난 나는 잔소리라고 하는 말에 더 화가 난다. 그러다가 "잘못했어요, 엄마 아들이 성질이 못돼서 그래요, 화 풀어요." 한다.

며칠 전의 일이다. 아이는 늦은 시각 전화로 사내 기숙사에 간다고 했다. 다음날, 회사에 출근한 아버지는 아이가 없다는 것이다. 전화는 불통이다. 분명 기숙사로 간다고 했는데 행방이 묘연했다. 불길한 생각이 들었다. 기다리다 못해 3일 만에 통화내역을 알아보려고 통신사에 갔지만 본인이 아니라 확인해 줄 수 없으니 경찰에 신고하고 오라는 것이다.

다행히 그날 밤 아이는 돌아왔다. 계면쩍어 하며 들어오는 막내를 보면서 나는 할 말을 잊었다.

"엄마! 기숙사로 가다 오랜만에 친구를 마나 한잔 마시다 보니 올 수가 없어 그곳에서 잤어요."

"아무리 그래도 집에 연락은 해야지 않니?"

눈치를 보는 막내를 나무랐다.

"늦은 시간까지 있다 보니까 집에 연락을 못했어요. 괜히 잠 깨울까 봐… 죄송해요."

그리고 먼저 출근한 친구의 집을 비워두고 올 수가 없어서 계속 그곳에 있었다고 한다. 배터리가 다 되어서 핸드폰도 못했다는 변명 아닌 변명을 하며….

나는 올바른 교육이 무엇인지 잘 모르겠다. 내 딴에는 엄마로서의 책임과 의무에 최선을 다 했다 싶지만 받아들이는 입장에서는 그게 아닌가 보다. 내키지는 않았지만 세상 물결따라 아들에게 외국물도 들여 보았다. 허허롭고 쓸쓸하기만 하다. 하지만, 이제 와서 어쩌겠는가. 언제이든 제 스스로, 제 힘으로 일어서리라 믿어야지.

그렇다. 큰 강의 물도 수면이 잔잔하여 머문 듯하나 강심(江心)은 쉼 없이 흐른다지 않는가. 기다려 볼 수밖에. 문제는 나다. 내 식으로만 보고, 내 품으로만 끌어안으려 했던 나란 가을빛이다. 그래서 흐리고 약하기만 했는가 보다.

지난 가을, 치악산엘 갔다. 그때 나는 등산길에서 가파른 비탈에 서 있는 한 그루 나무를 보았다. 이름을 알 수 없는 그 나무는 안쪽으로 안쪽으로 가지를 뻗어 스스로 균형을 잡아 큰 재목으로 자라 있었다. 아무리 말 못하는 나무이지만 존경스럽기 그지없었다. 사람들의 발에 밟혀 뿌리가 반질반질한 그 나무는 스스로를 지키기 위해 길 옆으로 뻗어 나가 다른 나무들과 당당하게 서서 자연으로부터 받을 수 있는 똑같은 혜택을 받으며 아름다운 가을을 맞고 있었다. 해서, 내 옆을 걷고 있는 동네 엄마에게 "이 나무같이 열심히 노력하면 우리도 IMF를 빨리 벗어날 수 있겠지요? 그렇겠지요?"라 했다.

더 이상 조바심은 아니 하리라 마음을 고쳐먹는다. 강심(江心)이 살아있는 한 강물은 계속 흐를 것이고, 언젠가는 저들의 목적지인 대해(大海)에 이를 것이 아닌가. 그러니 허약한 가을빛인 나는 우선은 바람을 불게 하여 눈앞을 가리는 구름을 걷게 하고, 안으로 안으로만 자신을 다그쳐 밝은 가을빛으로 익어야겠다. 하여, 봄과 여름이 튼실하게 익을 때까지, 멀리서 가까이서 저들을 비춰주는 가을빛으로만 남아야겠다.

가장 귀중한 보물

손자에게 전화를 했다. 손자 진수가 "할머니 내일 갈게요." 한다. "집에 오세요." 하는 말이다. 너무 보고 싶어 가기로 했다. 내가 간다고 하니 큰며느리가 둘째 임신 중인데 입덧하면서 시어미 점심을 한다고 할 것 같아 인근에 사는 작은아들네로 갔다. 큰손자는 학교 가고 귀염둥이 둘째 준수가 현관에서 기다리다 할머니를 보고 팔을 벌리며 달려와 가슴에 안기어 뛴다. 큰며느리에게 손자를 데리러 가겠다고 전화를 하고, 준수 손을 잡고 밖으로 나오면서 "준수야, 큰아빠 집에 동생 데리러 가자." 했더니 "진수 집에 가?" 하며 손가락으로 가는 길을 가리키면서 앞장서 간다. 큰아들 집에 도착하자 진수도 좋아서 소리치며 뛴다. 나는 두 손자를 데리고 둘째네로 돌아오고 며느리는 조금

뒤에 오기로 했다. 준수는 진수보다 생일이 7개월 더 빠르다.

그래서인지 오면서 진수는 손을 잡지 않고 달리지만 준수는 내 옆에서 걸으며 차분하게 말을 잘 듣는다. 진수는 천방지축으로 걷고 달리며 해찰을 하려다가 형 준수가 "안 돼." 하면 그대로 서서 눈치를 본다. 아직 말도 제대로 못하고 아빠, 엄마, 하부지, 할머니만하는 아이지만 위아래를 알기나 하는 것처럼 형의 말을 잘 듣는다. 진수는 장난감을 가지고 놀다가도 형 준수가 갖고 싶어 하면 준다. 그것은 평상시에 진수가 가지고 놀던 장난감이지만 준수가 무척 갖고 싶어 하면 큰며느리가 진수를 잘 타일렀기 때문이지 싶다 .

둘째 집에 와서다. 아무 소리 없이 둘이 놀다 준수가 갑자기 할머니를 부르고 진수는 내게 달려왔다. "왜 그래?" 하고 가보니 준수가 나를 보고 웃는다. "왜?" 하고 보니 한 손을 엉덩이에 대고 엉거주춤하고 바닥에는 오줌이 흐르고 있다. "할머니 응가." 한다. 며느리가 화장실로 데려가 바지를 내리자 둥글게 뭉쳐진 노란 덩어리 하나가 김이 모락모락 나며 떨어졌다. 준수가 뒤를 돌아보며 "공이네." 한다. 나와 며느리는 그 한마디에 팔불출처럼 소리 내어 크게 웃었다. 어린 손자는 말 한마디로 우리를 즐겁게 웃겼다. 더럽지도 얄밉지도 않고 사랑스럽기만 하다. 손자의 건강한 똥이 가족에게는 즐거움과 사랑하는 마음을 가질 수 있게 하고, 할미 가슴에 맑은 샘물이 솟게 한다. 귀여운 내 손자가 대견스럽고 눈에 넣어도 아프지 않을 만큼 예쁘기만 하다. 인생의 즐거움과 삶의 활력소를 갖게 하는 것이 이보다 더한 것이 또 어디 있을까. 세상에서 가장 귀한 보배다.

지난해는 심지도 않은 멜론 싹이 나와 길러 보았는데 맛은 별로 없었다. 비료만 주면 맛이 없다는 것을 시골에서 자라면서 많이 들었다. 어른들이 열매가 달린 것에는 인분을 거름으로 써야 맛이 좋다고 할 때면, 더럽다고 펄쩍뛰었다. 어른들께서 자기 배설물 3년만 안 먹으면 굶어 죽는다는 말을 많이 듣던 어린 시절이 있었다. 그런데 옥상에서 수박 싹이 나와 자라고 있다. 남편이 수박 포기를 뽑아 버리려는데 여동생이 말리며, 손자들이 오면 똥을 꼭 받아 거름으로 줘 잘 길러보자고 한다. 손자들이 올 때를 기다리다 큰아들 손자 진수가 왔다. 한참을 놀다 드디어 진수가 할 것을 한다. 손자의 그걸 들고 옥상으로 올라가고 우리는 한참을 시끌벅적 집이 떠나갈 듯 웃었다. 동생이 수박 순 아래 묻어 주고 암꽃에 달린 수박을 보며 "진수야 수박이 3개 달렸으니 잘 키워 할머니가 맛있는 수박 줄게." 하자 손자는 무슨 말인지도 모르면서 '응' 하고 대답한다. 그렇게 우리를 즐겁게 하고 손자는 돌아갔고, 여름 어느 날 우리는 수박을 따서 맛을 보았다. 정말 맛있고 사 먹는 것보다 훨씬 더 달았다. 이렇게 하찮은 아이들의 그것까지도 우리를 즐겁게 하는, 버릴 수 없이 소중한보물일 줄이야. 나는 아이가 건강하고 착하게 자라 언제까지나 할미의 활력소가 되어주기 바란다.

행복은 시간이 지나야

어렸을 때는 부모님 슬하에 있어 행복이 무엇인지 모르고 다가오는 미래생활을 소꿉놀이 하며 자랐다. 그때는 소꿉재료를 준비하기 위해 친구와 함께 동생을 데리고 밭에 가서 사금파리(깨어진 그릇조각)를 줍고 울타리 밑에서 꼬막껍질 주워 그릇으로 썼다. 풀잎을 뜯어다 약간의 소금을 넣어 다리를 걷고 문질러 부드럽게 만들었다. 그 시절 플라스틱이나 천으로 된 인형은 꿈도 꾸지 못하고 풀각시를 만들려는 것이었다. 부드럽게 된 풀잎을 나란히 골라 5m정도를 남기고 실로 묶었다. 그리고 대빗자루에서 작은 가지를 마디가 붙게 꺾어다 묶어놓은 풀잎 속에 막대를 넣고 묶어 쪽머리를 만든다. 막대 하나를 더 묶어 팔을 만들고 조각천으로 옷을 입혀 인형을 만든다. 이렇게 만든 풀각

시인형을 결혼시키며 신랑 신부가 되고 엄마 아빠가 되어 살아가는 놀이를 했다. 지금 생각해 보면 미래에 해야 할 일들을 그때부터 연습한 것 같다. 여자는 살림하고 남자는 가족을 부양하며 살아가는 것을 아무것도 모르는 시기부터 우리는 이미 연습하고 있었는지 모른다. 그때는 행복이란 단어도 몰랐으니까.

사춘기가 되어 이성을 알고 사랑이라는 걸 알고 행복이란 단어를 알고부터는 내 뜻대로 되지 않으면 속상해하면서 자란 것 같다. 경제적으로 어려웠을 때는 피아노를 배우는 친구가, 예쁜 옷을 입은 친구가 부러웠다. 나는 그때도 불행과 행복을 생각하지 않았다. 남편과 연애할 때는 부모님이 결혼 반대만 하지 않으면 행복할 것 같았다. 반대를 무릅쓰고 결혼을 했지만 형편이 여의치 않아 한동안 남편과 떨어져 시부모님과 살아야 했다. 일주일에 한 번씩 편지를 주고받으며 떨어져 있어도 지루하지 않았다. 다만 함께할 날이 빨리 오기만 기다렸다.

그러다 4년 후 직업군인인 남편을 따라 전방으로 가게 되었다. 이불보따리 하나에 쌀통은 사과상자에 종이를 발라 만들고 그 위에 냄비를 올려놓고 살아도 불만이 없었다. 사랑하는 남편과 4살 된 아들이 같이 있다는 것만으로도 좋았으니까. 그리고 나는 둘째를 임신했다. 꿈같은 행복. 전방에서 근무하던 남편이 어느 날 후방으로 전속되어 먼저 떠나면서 편지하거든 내려오라고 했다.

얼마 후 남편 소식이 왔다. 그날 밤 짐을 꾸려 아침에 안집 아저씨 소달구지에 싣고 역으로 가는 길이었다. 임신초기인 나는 4살 된 아들을 업고 따라가는데 연천역 앞까지 경찰들이 총을 들고 서있었다. 군수품 단속인가 하면서 짐을 부치고, 내려간다는 인사도 할 겸 서울 숙부님댁에 들렀는데 그날 밤이었다. 북에서 내려온 간첩 김신조 일당이 지붕을 넘고 도망치기 바쁘다는 뉴스가 라디오와 TV에서 흘러나왔다. 시민들은 소란스러웠다. 다음날 시댁으로 내려오니 가족들이 뉴스를 듣고 걱정을 하다 놀라며 반겨주었다. 젊고 건강한 남편이 있고 반겨주는 가족이 있다는 것이 정말 행복했다.

행복을 질투했을까. 제대를 한 남편은 직장에 잘 다니다 갑자기 사업을 하겠다고, 아무리 말려도 듣지 않더니 실패를 하고 말았다. 사업 시작과 동시에 나는 세 번째 임신을 했다. 그리고 아들이 태어나 한 달도 못 되어 남편은 또 사업에 실패하고 말았다. 우리는 같이 살 방 한 칸 없는 이산가족으로 살다 다시 함께 살기까지 8년 세월이 흘렀다. 그때 불행을 처음 느꼈으며 행복이라는 것 또한 배웠다. 어려움을 겪어봐야 진정한 인생의 삶을 느끼고 행복을 알게 되는 것이 아닐까 싶다. 어느 여름 물을 길러 우물에 갔을 때다. 동네 반장집 마루에 가족이 모여 저녁을 먹고 있는 광경을 보며, 저것이 정말 행복한 모습이라고 느끼며 부러웠다. 힘들고 어려운 일이 있어도 밤이면 가족이 함께 모여 서로의 모습을 보면서 어려움과 괴로움을 함께하는 것, 그것이 행복인데 우리 아이들은 아빠와 함께 살 날은 언제 오려나 하고 눈물이 핑그르르 돌던 때가 있었다. 그 후로는 점차 생활도 나아지고 될 수 있는 한 웃으며 살려고 노력하고 있다.

지금은 다른 사람들이 우리 가족을 부러워한다. 가족 모두 건강하고 별 탈 없이 잘 지냈다. 그러나 너무 행복해 하면 악마가 심술부린다더니 이번에 남편이 갑자기 관상동맥 수술을 받았다. 그리고 빚보증을 서주었던 회사의 사장이 부도내고 숨어버렸다. 그 와중에도 중국으로 유학 간 막내가 북경대학원에 합격했다는 소식은 그나마 희망을 안겨 주었다. 그러나 그 얼마 후 학업을 중단하고 귀국하고 말았다. 아이는 환자 같았다. 밤낮 일주일을 잠만 잤다. 잘만큼 잤는지 일주일 후에 일어나기에 물어 보았다. 고개를 숙이고 죄송하다는 말만 할 뿐, 희망을 잃은 아이가 측은하고 마음이 아팠다. 첫사랑에 시련을 겪은 것이다. 그 후 그 여자아이에게서 아들에게 잊을 수 없는 좋은 사람이라고 하면서 미안하다며 잘 지내라고 편지가 왔다. 아들은 너무 몸이 약해져서 직장을 그만 두게 하고 아버지 회사에 다니면서 마음에 안정을 찾고 다시 여자친구도 사귀었다. 성격이

원만해서인지 남녀 친구가 많고 선배들과 주위 사람들에게 칭찬도 많이 받는 정이 많은 착한아이였다. 그런데 어느 날 불행은 그런 내 사랑하는 막내를 빼앗아 가버렸다. 인생을 살면서 몇 번의 고비가 있다더니 나도 어려운 일을 겪고 살아야 하는 운명을 타고 났는가!

나는 이처럼 시련을 겪고 천륜이 무엇인지 진실로 깨달았다. 그것은 이 세상을 떠나도 잊을 수 없는 것, 그리고 진정 남부럽지 않은 행복은 경제적인 부가 아니라, 자식을 앞세우지 않은 사람이 복 받은 사람임을 새삼 느낀다. 막내를 잃은 슬픔은 크지만 남편을 비롯해서 남은 가족이 있지 않은가. 세상에는 아무도 없는 사람도 많은데, 그들을 보며 위안을 받는다. 남은 날을 후회 없이 보내도록 노력하면서 가족을 보듬고 사랑하며 노력해 보련다.

김장하는 날

싸늘한 낙엽의 시체를 묻어버리고 떠나가지 않으면 안 된다는 말이 TV에서 들린다. 새 출발로 돌아와야 한다고 한다. 맞는 말이다. 오늘 나도 김장을 했다. 수요일 셋째 동서와 둘째네가 같이 강원도까지 가서 사온 배추라며 30포기를 가지고 왔다. 배추가 맛있게 보인다. 좀 적어서 아쉽지만 더 사면 되는 일. 누가 나를 생각해서 먼 곳까지 가서 사다 주겠는가. 맛있게 담그리라.

금년은 동서 덕에 추워지기 전에 빨리 김장을 하게 되어 고맙게 생각하면서 배추를 좀 더 사기로 했다. 집에는 신갈에 살고 있는 동생과 분당 사는 막냇동생이 김장하러 와 기다리고 있다. 오후 2시, 별로 늦지 않았다고 생각했는데 시장에는 쌓여 있는 배추가 별로 없다. 몇 곳 들러서 가격을 물어보다 배추 20포기를 사고, 무와 양념을 사러가다 비닐에 싸여있는 무을 보니 맛있게 보여서 3단을 샀다. 그리고 양념을 사려고 돌아다니다 보니 맛있게 보이는 무가 또 눈에 들어온다. 혹시 무가 모자라지 않을까 하는 생각에 3단을 더 사가지고 왔다.

시장에서 돌아와 보니 두 동생이 옥상에서 배추를 절이고 있다. 무채를 썰고 배추를 뒤집고, 늦게까지 했다. 남편은 친정동생들 것도 더 사서 함께 해주라는데 너무 힘들어 못할 것 같아 우리 것만 하기로 했다. 며느리들 보기가 좀 미안한 생각이 들기도 해서다. 며느리들도 같이 해 나눠 먹자고 하지만 내가 괜히 그런 생각이 들기 때문이다.

김장을 하기 위해 일찍 오겠다던 며느리는 오지 않고 9시가 넘어서야 아들이 왔는데, 며느리는 오지 않을 거라면서 김장하는 것을 투덜대고 있다. 나는 아들이 늦잠을 자는데 며느리가 빨리 가자고 하다가 둘이 다투었나 싶어 아들을 나무랬다. 그리고 며느리에게 전화를 하니 받지 않는다. 화가 나서 아들에게 속상하게 한다고 꾸중을 했더니, "엄마 그 게 아니에요. 아버지 심부름으로 약속 시간이 늦을까봐 빨리 오느라고 혼자 먼저 왔어요." 하면서 "전화 안 받아요?" 한다. 여전히 화가 난 나는 "그래 전화를 자꾸 끊어버리고 안 받는다." 했다. 그러는데 손주가 "할머니." 하고 들어온다. 나는 화가 사라지고 며느리와 손주를 맞이했다. 그리고 아들에게 화를 냈던 이야기를 며느리에게 들려주며, 싸운 것을 엄마까지 알게 하느냐고 나무랐다고 했다. 그 말을 들은 며느리는 싸운 것이 아니라고, 아들도 일찍 일어났는데 손주를 데리고 오려니 시간이 바쁘다는 아들과 함께 올 수 없었다고 해명을 한다. 전화는 운전하느라 손주에게 받아보라고 했는데 잘못 받아 끊긴 것이라고. 싸우지도 않고, 손주와 며느리도 왔으니 기분 좋게 김장을 끝내고 목욕탕에 가 하루의 피로도 풀었다.

저녁은 고기를 삶아서 김장김치에 보쌈으로 맛있게 먹고, 동생들에게도 한 통씩 나눠주며 둘째 아들에게 이모를 집까지 데려다 주라고 했다. 김장을 마치고 저녁까지 다 끝나고 나니 몸은 좀 힘들었지만 동서와 동생들 그리고 며느리 손자까지 와 함께 힘을 보태었으니 이렇게 행복할 수가 없다. 나는 복이 참 많은가 보다. 비가 와도 눈이 와도 걱정할 것도, 욕심 부릴 것도 없다. 그저 가족 모두 겨울 다 지날 때까지 건강하기만 욕심을 내본다. 따뜻한 봄이 올 때까지 화단의 나무들처럼 겨울로 들어가야 하는 우리네 겨우살이를 생각해 본다.

영원한 미소

- 돌아와야지

그제 어린이날 막내를 이 세상에서 작은 흔적까지 지우고 왔다. 49일 동안을 법당에 두고 다니면서, 한 줌 재일지라도 내 아들이 이곳에 있다는 생각에 보름에 한 번 가는 날이 다가오면 마음 설레면서 갔다. 이제 나에게는 아들이 입던 옷 몇 가지와 사진 몇 장이 고작이다.

나는 그날 새벽부터 일어났고 함께 회사에서 지내던 조카들도 올라왔다. 우리 가족은 세 대의 차에 나누어 타고 6시에 출발했다. 조카들은 이종이라고 하지만 막내와 친형제 못지않게 지내는 사이다 보니 그들도 마음이 아파 힘들어 한다. 사고 난 그날 밤 회사컴퓨터 고장으로 형과 통화했는데 "내일 가서 봐

줄게." 하고 끊었단다. 막내는 집에서는 물론 회사컴퓨터도, 이웃집에도 고장이 나면 손을 봐 주던 아이었다. 그런데 이런 일이 일어나고 보니 조카들은 형 실수라고 믿을 수 없다고, 슬퍼하며 믿어지지 않는다고. 하지만 어찌 하겠는가. 떠난 사람은 말이 없으니.

아침은 기흥휴게소에서 간단히 먹고 출발하여 막내가 있는 곳에 도착하니 10시다. 저승에서 입는다기에 동복과 하복을 가지고 갔다. 평상복이 아닌 양복, 금년 아버지 생신 때 입었던 그 양복을 그곳에서도 입을 날이 있으면 입으라고 넥타이도 모두 가지고 갔다. 신발, 속옷, 양말 등은 지난주에 아빠 몰래 갖다 두었다. 그곳에 도착해 막내 유골함이 있는 법당 앞으로 올라가니 조그마한 상자에 막내 이름이 붙어 있고, 그 옆에는 지난주에 맡겼던 옷들이 나와 있다. 나는 병원에서 그를 떠나보낸 후 마음속으로 저 상자만이라도 보고 싶었다. 상자를 보는 순간 너무 반가워 달려갔다.

"내 막둥이가 여기 있구나. 막둥아! 내 막둥아! 현석아."

소리치며 안고 울었다. 아무리 불러도 대답이 없다. 그것을 알면서도 소리쳐 불렀다. 반응이나 대답이 없어도 내 아이라는 것, 아니 유골일지라도 안고 있는 것이 이상하리만큼 좋았다. 어미로서 마지막 안아보는 자식의 육신을 한줌 재로 안았다. 그

것만이라도 조금은 내 마음을 달래 주었다. 가슴에 안고 마음껏 불러보는 것만이라도, 내가 안고 있다는 기분이 들어 목청껏 부르고 있었다. 그러나 그 마음도 잠시, 그것마저도 버려야 한다니 미칠 것 같다. 나는 내 생전 그리울 때는 그곳에 있다 생각하고 묻어두고 싶었는데 절에서 이제는 날려 보내거나 가지고 가라한다. 어느 양지 바른 곳에 묻어 두고 싶었는데, 그조차 안 된다니 마음이 산산조각이 난다. 나는 가슴에서 떼어 놓지 못해 안고 울고만 서 있었다. 그러자 남편 표정이 일그러지더니 내게서 내놓으라며 뺏기라도 할 듯이 잡아당긴다. 그 단호한 표정에 나는 내가 가지고 가겠다고 하면서 한손으로 가슴에 안고 바른 손목은 남편 손에 끌려 숲 속으로 들어가 이 세상에서의 흔적을 없애고 말았다. 한줌의 재를 막냇동생에게 쥐어 주며 "이것이 우리 막내, 네가 그처럼 사랑하던 너의 조카 현석이다 마지막 재라도 만져봐라." 하고 주면서 소리 내어 울었다. 그리고 그곳에 사진 한 장만 가지고 돌아왔다. 너무 허무했다.

그 사진을 방에 두고 아침에 일어나 인사를 받으러 가듯 가서 액자 속에서 웃는 모습을 바라본다.

3일 후 나는 밤에 꿈을 꾸었다. 아이가 죽었다는데 차를 타고 돌아 왔다. 오른쪽 이마에 흉터가 생겨있다. 내가 어찌된 일이냐고 묻자 별것 아니라고만 했다. 아침 일찍 눈을 뜨자 막내

방으로 달려가 보니 사진이 없다. 저녁에 분명 보고 잤는데. 깜짝 놀라 찾아보니 떨어져서 침대 밑에 벽을 타고 내려오듯 서 있다. 그리고 사진틀 오른쪽이 약간 부서져 있다. 아이를 잃어버리고 허탈하고 공허함을 견디기 힘들었지만, 밤이면 들어와 자고 일찍 나갔을 것 같은 생각을 하며 아침에 일어나 방문을 열면 마음이 평온해진다. 사진일망정 아이가 웃고 있는 모습이 눈에 들어오는 순간 떠나갔다는 생각이 들지 않는다.

남들은 모두 보지 말아야 빨리 잊는다고 없애라지만 어찌 어미 마음을 알까. 잊어버리려고 해 잊히는 것 또한 아니다. 남에게 표현하지 않고 마음속에 묻고 죽는 날까지 혼자 울며 가는 것이라는 것을 뼈저리게 느낀다. 내 마음은 미래가 아닌 과거로 돌아가 떠나지 않고 미소 짓는 아들을 보면서 천천히 안정을 찾아가야지!

가 족

어제 아침에 내가 옥상에 있는 상추에 물을 줘야겠다고 하니 남편이 주겠다며 올라갔다. 돌아와서는 허리가 삐끗했는데 많이 아픈 것은 아니라며 자리에 눕더니 오전을 보낸다. 남편은 평소에도 피곤하다며 잘 누워 있어 때로는 짜증이 날 때도 있다. 그렇다고 드러내 놓고 표현할 수도 없는데 이번엔 겨우 물조리로 상추에 물주다 아프다니 더 할 말이 없다.

점심을 먹고 답답해서 믹서기나 사러 가겠다고 했더니 함께 가자고 한다. 지금까지 믹서기를 사지 않았는데 이번에 며느리가 임신을 해 입덧을 하면 과일이라도 갈아 먹게 하려고 한다. 간편하게 생긴 조그마한 것을 골랐다. 점원이 가격표를 보여 주겠단다. 남편은 못마땅한 얼굴로 "필요하면 사는 거지 가격이 무슨 상관이야."고 나에게 핀잔을 준다. 속으로 '누가 오자고 했나 자기가 따라 오고서' 하다가 "아무 말 하지 마세요." 하고 나도 모르게 톡 튀어 나오고 말았다. 남편은 아무 말 없다. 그러자 한마디 더 붙였다. "가격도 알고 이것저것 다른 점을 비교도 해봐야지 왜 말 못하게 해요." 하면서 다리 아프니 의자에 앉아 기다리라고 했다. 화를 내지 않고 앉아 있다.

기분이 언짢은 날이면 막내아들 생각이 난다. 세월에 회한을 느끼면서 아픈 마음은 그리움으로 울컥 눈물이 나고 말았다. 그러는 내 마음을 알고 남편은 TV 보라고 부른다.

나는 부엌에서 남편 모르게 포도주를 마셨다. 조그마한 물컵으로 하나를 마셨더니 곧 얼굴이 빨개진다. 막내에 대한 그리움은 봇물 터지듯 밀려와 나를 울린다. 남편에게 보이지 않으려고 이리저리 고개를 돌렸지만 그가 모를 리 없다.

자꾸 부른다. 나는 아무렇지 않은 듯 이불을 펴고 누워 잠을 청했다. 그런데 잠이 어렴풋이 들었을까, 남편이 방에 들어가 자자고 하더니 모기가 물었다고 투덜대며 일어난다. 남편도 그 아이 생각에 마음이 심란한가 보다. 왜 아니겠는가. 안되겠다는 생각이 들어 남편을 따라 나왔다. 약이 어디 있느냐고 신경질적으로 묻는다. 모기가 무는 것이 내 잘못이나 되는 것처럼 말이다. 아무 말 없이 갖다 주었다. 여기저기 물었다고 보여주며 약을 바르고 눕는다. 초저녁 내 기분이 우울해 남편도 속상해 말 못하고 뒤척이다가 내 기분이 풀리는 것 같아 잠이 드는 모양이다.

잠든 남편의 굽은 등을 보니 마음이 짠하다. 가족은 언제나 말을 하지 않아도 느낌으로 표정으로 알고 분위기로 알 수 있다. 그러기에 서로 이해하고 참고 배려하는 마음이 많을수록 가정에 화목이 깃드는 것을 잊고 살아서는 안 되겠지, 언제나 사랑하고 이해해주는 내 가족 모두에게 고맙게 생각하며 언제까지나 변함없이 가족을 위해 사랑하며 인내에 노력하리라.

항아리를 아시나요

내가 어렸을 때 우리집 부엌 앞마당에 장독대가 있었다. 장독대는 큰 돌로 쌓고 바닥은 작은 돌을 깔아 항아리가 큰 순위대로 놓여 있었다. 그 옆에는 조그마한 꽃밭이 있고 대야에는 언제나 손을 씻을 수 있도록 물이 담겨 있었다. 물이 담겨 있지 않을 때는 아버지로부터 불호령이 떨어지기 때문에 언제나 물을 쓴 사람은 다시 물을 담아 놓아야 했다.

뿌리만 남은 창포는 봄이 오면 녹색 잎이 피고, 오월이면 노란꽃을 피웠다. 장독 사이 자갈 속에서는 봉숭아와 채송화가 예쁘게 피면 장독대는 항아리들만의 자리가 아니었다. 그렇지만 항아리들은 언제나 텃세도 없이 잘 있었고, 배는 임신 약4개월부터 만삭까지 다양했다. 검은 색과 밤색, 그리고 허리에 줄무니가 있는 것, 일자형 모양으로 된 것, 아래는 좁고 위는 큰 젓동이, 물동이, 그야말로 쌀이 섬으로 들어가는 대형 독에서 소두 한 되쯤 들어가는 작은 고추장항아리까지 다양했다.

그 종류와 쓰임새도 다양해 이름도 각각이다. 물동이의 반쯤 되는 옴백이, 그 옴백이의 반만한 너럭지, 깨어지지 않게 조심하라는 의미였는지 우리 마을에서는 '사푼지'라 부르던 조그마한 그릇도 있었다. 사푼지는 대체로 나물을 무칠 때 많이 사용하고, 너럭지는 김장철 김치를 버무릴 때 사용했다. 그리고 옴백이는 물을 길어올 때 물동이 같이 사용하기도 했고 모자처럼 항아리의 뚜껑이 되기도 했다. 어린 시절 아주 조그마한 항아리로 옆집에서 물 길어 오는 것이 즐거워 몇 번이고 머리에 이고 길어와 소꿉놀이를 했고, 교복을 입을 때는 교복 칼라를 빨아 풀을 먹여 항아리에 붙여 말린 다음 뜯어보면 다리미질을 하지 않아도 빳빳하게 붙일 수 있어서 좋았다. 고마운 항아리 덕에 학창 시절 멋도 부릴 수 있었다.

저녁이 되면 가마솥에 호박죽을 가득 쑤었다. 먹고 남을 수 있도록 쑤어 옴백이에 담아 커다란 항아리 위에 놓는다. 그리고 밤이면 친구와 목욕을 하고 늦도록 놀다와 옴백이에 있는 죽을 먹고 잤다. 저녁에 먹고 몇 시간 뒤에 또 먹어도 싫지 않았다. 지금도 생각나면 가끔씩 끓여 먹는다.

앙증맞은 귀염둥이 항아리부터 큰 항아리까지, 이렇게 지혜로우신 선조님들께 고마운 마음이다. 그런데 과학이 발달하면서 점점 우리의 곁을 떠나고 있다. 아쉬운 일이다. 건강식을 위해 아직도 소중하게 보관하여 사용하고 있는 집이 있기는 하지만.

지난날을 그려 본다. 눈 덮인 겨울 장독 위로 정오의 햇살이 비치면 항아리는 까맣게 얼굴을 내밀고 사랑이 피어나듯 김이 모락모락 퍼지는 것을. 옛 도공들이 천대와 괄시를 받으면서 지켜온 보람인 듯싶다. 그래서인가, 항아리는 김치뿐 아니라 무엇이든 가리지 않고 담아두면 부모가 자식을 보호하듯 잘 보관해준다. 봄이 되면 소금물과 메주가 사랑을 속삭이는 항아리가 되고, 고춧가루와 메주가루, 엿기름물과 소금을 혼합하면 고추장 항아리가 되어 사랑이 익어 가는 소리가 보글보글 들린다. 속삭임이 끝나고 서로의 본분으로 돌아오면 각기 다른 맛으로 바뀐다. 된장과 간장을 나눌 때, 된장 속에는 겨울에 먹다 남은 동치미 무를 한번 씻고 물기를 말려 그 속에 넣고, 여름에는 깻잎을 넣는다. 고추장 항아리에 굴비를 넣거나 더덕을 넣어 둔다. 여름에 입맛 없을 때는 항아리에서 된장을 떠다 싱싱한 풋고추 몇 개를 찍어 먹기도 하고, 고추장에 넣어둔 장아찌를 꺼내어 보리밥에 갓 퍼온 시원한 물을 부어서 먹으면 그 맛 또한 일품이다.

또 저장 역할도 하고 발효를 하는 곳이 항아리였다. 간장, 된장, 고추장뿐만이 아니다. 가을에 나는 곡식도 좋고, 감을 저장하여 홍시를 만들어도 아주 좋다. 끝이 뾰족한 수수감을 사다가 항아리 안에 깨끗한 종이를 깔고 차곡차곡 쌓아두고 겨울 내내 꺼내 먹으면 그 맛은 어느 과일도 따를 수 없다. 남으면 이른 봄까지 그 안에서 얼었다 녹았다 하다가 물이 된다. 그 물이야말로 일품 감주스다.

항아리는 그뿐이 아니었다. 가을에 말린 고추를 넣어 두면 햇고추가 나올 때까지 벌레가 생기지 않는데 그것도 모르고 몇 년 전에는 비닐봉지에 고추를 두었다가 벌레가 생겨서 다 버려야 했다. 그런데 지난해 화단에 심은 고추가 붉어 말렸다가 항아리에 두었더니 추석이 오는데도 햇고추처럼 곱다. 건습(乾濕)을 자유로 조절하는 신통한 항아리다.

이런 항아리를 우리는 잊고 산다. 아파트라는 주거 환경이라는 이유는 있겠지만 외면하고 산다. 그래서인가, 현대를 사는 우리네 삶이 건습(乾濕)을 조절하지 못하여 항상 메말라 있다. 나무 한 그루 없는 사막처럼.

또 한 번의 이별

몇 주 전만해도 기쁨이라고 생각하며 받아들인 일이 아예 듣지 않은 것만 못한 일이 되고 말았다. 사랑하는 피붙이를 먼 곳으로 보내고 아픔에 괴로운 날을 보내는데 새 생명이 잉태되었다는 말에 우리 가족 모두는 그나마 위로를 삼았다.

그런데 7주 만에 병원에 갔더니 맥박소리가 들리지 않는다고 불길한 소식이 들리기 시작했다. 수태만 해도 어미가 된다고 기뻐하더니 부모에게 죄송하다며 눈물을 흘리는 며느리가 안쓰럽다. 한방으로 병원으로 최선을 다했지만 오늘 10주 만에 어쩔 수 없이 인연을 끊어야만 한다고 했다.

아들로부터 며느리가 울고 있다는 말을 듣고 달려갔다.

"너는 아직 젊으니 걱정 마라. 또다시 가지면 되지 않겠니?"

하면서 위로했다. 그리고 며느리를 입원시키고 아들에게 병원에 함께 있으라고 당부하고 돌아왔다. 그런데 다음날 아침 일찍 서두르다가 3호선 전철을 탄다는 것이 2호선을 타고 사당까지 가서야 잘못 탄 것을 알았다. 순간 당황하여 어쩔 줄 몰라 한참을 서성이다 사람들에게 물어보고 되돌아와 탔다. 그렇게 도착하니 이미 며느리는 수술실로 들어가고 없었다.

수술을 마치고 마취에서 깨어 나오던 며느리가 나를 보더니 "어머니" 하고 눈물을 주르륵 흘린다. 아들이 "어제저녁에 수술이 무서워 엄마보고 싶다더니 엄마 오셨는데 왜 눈물 흘려."라고 한다. 아마 수술할 것을 생각하니 무서워 못난 시어미지만 그리웠나 싶으면서 안쓰럽다. 밤에 같이 있어 주지 못한 것이 영 마음에 걸리고 미안했다.

퇴원한 며늘아이는 집에 돌아와서 잠이 들었다고 한다. 잠이 들었다니 안정 되는 것 같아 마음이 놓인다. 유산이라지만 아이를 낳은 것이나 다를 바 없어 조리를 잘 해야 한다는데 걱정이 된다.

한잠을 자고 난 며느리는 시어미에게 미안해서인지 아무렇지 않은 척하지만 그 속은 말이 아닐 것이다. 병원에서는 3개월 지나 아이를 갖는 것이 좋다고 했다니 아무쪼록 별일 없었으면 하는 마음뿐이다. 미역국을 끓여주며 빨리 회복하기를 가족 모두가 바라는 마음이다.

그런데 며느리는 친정 동생이 축구를 한다고 하더니 축구 시합이 나오면 관심이 많은 것 같았다. TV에서 축구 16강 시합에서 선두골을 빼앗기더니 동점골을 넣는다. TV 속에서 박수를 치고 함성이 터져 나오고 밖에서도 손뼉 치며 즐거워하는 함성 소리가 요란하게 들려온다. 슬픔 속에서도 밝은 모습을 보여 주려고 애쓰는 마음이 기특하다.

요즈음은 심장이 생기지 않아 맥박이 뛰지 않은 아기(태아)들이 더러 있다고 한다. 가슴 아프지만 다음에는 분명 튼튼한 아이가 찾아 올 것을 믿으면서 며느리의 빠른 회복을 기원한다.

또 한 번 골을 넣었다. 뒷집에서도 시끌벅적하다.

새해를 기다리는 마음

나는 이처럼 새해를 기다려 본 적이 없다. 그러나 지금 빨리 이 해가 가도록 기도를 하고 있을 정도다. 그것은 굳이 말하지 않아도 즐거운 일이 많은 해는 머물기를 바라고, 또 새해도 희망의 해가 되기를 믿으면서 빨리 오기를 기다는 마음일 테니까. 하지만 누구보다 절실히 돌아오는 해에 희망을 걸어보려 기다린다.

2002년 새해를 맞이했다. 누구보다도 욕심 없이 현실에 만족하고 행복하다 느끼고 살아왔다. 남편은 관상동맥 수술을 받기는 했으나 6년이 지난 지금까지도 건강을 조심하며 지내니 별 이상이 없다. 아들 셋에 며느리 둘. 손주도 있으니 더 이상 부러울 것 없다. 다만 32살 난 막내아들 결혼만 시키면 할일은 다

한다고 생각한 우리 부부다. 그래서 결혼을 하라고 말하지만 아직은 아니라며 2001년을 넘기고 2002년이 되었다.

남편의 생일이 1월 초다. 큰아들은 결혼해 같은 건물에 살지만 생활은 따로 하면서 장남이란 생각에선지 곁에서 우리를 지키며 살고 있다. 작은아들은 분당에서 살며 수시로 전화하고 들른다. 그러니 막내만 우리와 함께 생활하며 남부러울 것 없다.

"금년 아버지 생일은 저희들 때문에 남들 다 가본 외국 여행 한번 못하셨으니 가시고 싶은 곳 어디든 다녀오세요."

큰아들이 말한다. 비용은 얼마든지 내겠다고. 둘째는 가족끼리 모여 외식을 하자며 그 비용은 저희들이 대겠다고 했다. 가족 친지들과 ○○호텔에서 점심을 먹고 오던 중 막내가 "내년에는 결혼하겠다."고 한다. 그렇게 결혼하라고 해도 미루기만 하더니 말이다. 그동안 알고 지내며 집에 인사 온 적 있는 아가씨인가 싶다. 우리 몰래 아들 방에 옷 같은 물건도 두고 다녔던 것 같다. 결혼을 하라고 해도 이 핑계 저 핑계 미루더니 이제는 하겠다니 잘한 일이라 속으로 반가웠다

그런데 3월 18일 월요일 오후 7시경 핸드폰으로 전화가 걸려온다.

"엄마, 어디 있어?"

"응 나 여기 강화, 버스타고 집에 가고 있는 중이다. 왜?"

"나 저녁 먹고 간다고."

"그래 그럼 너무 늦지 말고 좀 일찍 들어오너라."

"알았어. 엄마." 하고 전화를 끊었다. 그 이유는 몸이 약한 녀석이 음식도 좀 까다롭고 장이 약해서 약을 먹고 있는 중이었다. 반찬을 해놓으면 먹고 들어올 때가 많고, 반찬을 만들지 않으면 들어와서 먹게 돼 전화하라고 했었다. 아침에 다녀오겠다고 고개를 옆으로 돌리고 웃으면서 나가던 아이, 아버지와 한 사무실에서 아버지가 퇴근할 때까지 남아 있던 아이가 친구가 저녁 먹자는 전화를 받고 갑자기 나가며 기다릴 엄마를 생각하고 전화했던 것이다.

그러나 그날 그 전화를 끝으로 사랑하는 내 막내, 웃음 지으며 다녀오겠다던 아이는 그날 밤 12시 40분경 전화로 경찰의 입을 빌려 신촌 세브란스로 아들을 확인하러 오라고 했다. 그리고 싸늘한 몸으로 눈을 감고 냉동상자에서 어미를 맞이했다. 청천벽력이었다.

내가 죄가 많은 인생인가, 내가 잘 못 살았나보다고 자책하며 살고 있다. 그러나 하루도 잊어버리지 못하고 살며 더 이상 나에게서 이처럼 가족을 잃어버리는 일은 없게 해달라고 마음으로 기도한다. 영혼이 있다면 다음 세계에서 빨리 만나길 기다리면서 지내는 우리에게 악몽의 2002년, 우리의 아픈 상처를 어루만

지고 있다. 2002년 3월 19일은 잊힐래야 잊지 못할 해다.

지난 12월 1일 아침 시골 계신 숙모님이 교통사고로 돌아가셨다는 전화를 받았다. 또 한 번 가슴이 내려앉으며 서둘러 가보았다. 연세는 80이 가까우나 아들 며느리가 직장에 다녀 손주를 돌보며 살림을 도와주던 분이다. 그런데 토요일 김장하는 것까지 웃으면서 도와줬다는데 일요일 아침 교회를 가다 사고를 당했다. 저녁에 술 마시고 덜 깨어 졸음운전을 한 젊은이가 속도위반하면서 2차선에 있는 숙모님을 치었다.

숙모님은 젊은 날, 숙부님이 바람으로 가정을 돌보지 않아 4남매를 어렵게 키우며 사신 분인데 착한 며느리를 맞았다고 자랑했다. 내가 새색시 적에 바로 옆집에서 늘 웃으면서 지켜보시던 분이었다. 내가 추억이 그리워 묻는다면 언제나 말씀해 주실 분이었는데 내 추억과 함께 내 막내가 가버린 곳으로 숙모님도 떠나고 말았다. 나는 한 해에 소중한 사람들을 잃었다.

12월 4일 숙모의 상을 치르고 왔다. 다음 날 아침, 동서로부터 울면서 남편을 찾는 전화가 걸려 왔다.

"형님 나 어떻게 해요, 시숙님 좀 바꿔 주세요."

시동생이 간암 치료를 받던 중이었다. 지난 10월 말경 치료를 한 것이 잘 안 되어 다시 병원에 들어갔는데 수술할 시기가 늦었다고 했다. 간이식을 하지 않으면 안 되는 상황이라는 것을 병원으로 달려간 다음에야 알게 되었다. 남편은 의사를 만나 이식을 해달라고 하면서 남은 형제들과 조직검사에 들어갔다. 그런데 수술을 하기 위해 환자의 건강 상태를 검사하니 이번에는 심장에 혈관이 문제였다. 모두 막혀 있기 때문이다. 즉 관상동맥이 막혀 있는 것이다. 오래전 페디스토마로 대수술 받은 경험이 있는 그는 그때 고생을 많이 했기에 수술을 피해 약을 먹고 있는 중이었다. 이번에는 막혀 있는 관상동맥부터 수술을 해야 한다고 하니 어쩔 수 없이 해야만 했다.

이식을 하기로 했는데 간을 줄 동생들의 것은 한 사람은 나이가 많고, 한 사람은 간이 적어서 두 사람 것 모두를 해야 한다고 한다. 우리는 그나마 다행이다 했는데 주치의가 이번에는 받을 환자가 너무 약해서 오랜 시간 견딜 수 없을 것 같으니 젊은 사람의 간이 필요하다고 한다. 마음이 다급해진 남편이 시골에 계시는 고모님에게 전화를 했다. 며칠 전 고모님으로부터 전화가 걸려왔지만 걱정할까봐 숨겨왔는데 이번에는 자청하는 전화다. 그리고 다음날 아침 고종 사촌의 간을 주겠다는 반가운 소식을 들었다. 며느리도 동의했다고 하면서. 그러나 병원에서 또 다시 20대의 것이어야 한단다.

그리고 다시 반가운 소식은 셋째 동생의 아들이 같은 혈액형이라면서 23살 된 조카가 어른들이 하시는 일이라 말을 못했다고 이번에는 서슴없이 나섰다는 것이다. '이번에는 살았구나' 하면서 우리는 모두 울었다. 그리고 마지막 서약서를 쓰러 갔다. 남편과 동서 그리고 동서에게 아들이 없으므로 친정동생도 함께 데리고 가서 서약서를 쓸 때였다. 문진 중에 담배를 피우지 않았느냐는 말에 동서가 보지는 않았지만 한 개피 정도 피우지 않았나 싶다고 했다. 이 말은 결정적으로 수술 못하는 원인이 되어 다시 1주일 후로 미루게 되었다.

환자와 남편은 실망을 많이 했다. 지금 와서 보니 운명은 정해져 있는가 보다. 담배 한 개비를 피우면 니코틴으로 74시간 혈관이 줄어들어서 수술을 할 수가 없고 해도 깨어나지 못한단다. 수술을 미루고 이번에는 그동안의 간 상태를 보기 위해 다시 검사를 했다. 조카도 조직검사를 받고 환자도 다시 간 검사를 받았는데 결과는 또 다시 우리의 마음을 지옥으로 보냈다. 암세포가 급성장, 혈관을 타고 있어 이식도 어렵게 되어 시한부로 보고 있을 수밖에. 우리는 쓸 수 있는 모든 약은 다 써달라고 부탁을 하고 기적을 바라보고 있는 처지. 병원에서 환자와 동서 직계 가족 모르게 남편에게 하는 말, 남은 날은 1달 하고

5일이라고 했다. 그동안 기적이 일어나 달라고 기도하며 좋다는 것은 뭐든 다 하고 있다. 다슬기 액체도 약초 삶은 물도 구해 왔지만 환자 자신이 의사의 지시에 따르겠다며 먹지 않는다. 의사 역시 더 있다 먹어보라고 하니 손을 놓고 기다리는 심정을 말할 수 없다. 한 해에 이렇게 여러 차례 비운을 맞은 우리는 빨리 이 해가 가고 새해가 오면 희망과 꿈을 다시 심기 위해서라고 두 손 모아 기다려 본다.

택배로 온 봄

'MBC'는 큰언니의 딸이며 사랑하는 조카 옥이의 애칭입니다.

MBC는 전남 화순에서 한참 더 들어간 깊은 산골에서 살고 있습니다. 문학수업을 마치고 돌아와 보니 생각도 않은 MBC의 선물이 기다리고 있었습니다. 어려서부터 한 마을에서 자라 외가와 정이 많이 들고 늘 재롱을 부리며 가족을 즐겁게 하던 조카랍니다. 친정과 한 마을에 사는 언니는 형부 바람기를 부모님이 알면 마음 아파할 것이 걱정되어 속으로 삭이며 살았습니다. 그래서인지 알 수 없지만 속이 불편하다며 늘 건강 때문에 한약을 자주 먹었습니다. 4살 된 조카 MBC는 언니가 먹은 한약 찌꺼기에서 감초를 골라 먹으려고 장독 위에 둔 찌꺼기 보자기를 어깨에 메고 다니며 라디오에서 나오는 'MBC방송국입니다'

를 따라했습니다. TV가 없던 시절이었으니까요. 그래서 우리는 그 아이를 부를 때 MBC라고 불렀습니다. 그런 조카가 중년이 되어 봄나물을 보내온 겁니다.

고등학교에 다닐 때는 학생회장을 했는데 학생들뿐만 아니라 선생님들에게도 인기가 좋았습니다. 방학 동안에는 교장이 학교에 나와 도와주기를 부탁하는 정도였으니까요. 언니는 그런 딸에게 대학을 가라고 했지만 아버지가 돌보지 않는 가정 형편은 경제적 어려움을 겪고 있는데다 오빠는 대학에, 동생은 중학교를 다니고 있었습니다. 더욱이나 담뱃가게에서 나오는 수입만으로 두 사람의 대학등록금은 어려운 일인데다 조카는 건강도 좋지 않았습니다. 그러니 삼 남매의 학비를 엄마 혼자 감당하기는 너무 어렵다는 것을 알고 조카는 대학진학을 접었습니다.

고등학교 졸업을 하고 건강이 회복되어 서울에서 간호보조원 학원을 거쳐 직장을 가졌습니다. 사회에 나와서도 외모가 연예인 같다는 말을 듣기도 하고 인기가 좋았습니다. 그러나 운명의 장난인지 결혼에는 실패하고 산골에서 혼자 음식점을 하고 있습니다. 지난 3월 친구들을 그곳에서 만났는데 음식 맛좋고 깔끔하며 값도 저렴하다고 친구들이 칭찬을 아끼지 않았습니다. 나는 속이 좋지 않아 아무것도 먹지 못하고 올라 왔습니다. 조카는 그런 내가 마음에 걸렸었나 봅니다.

봄이 되자 이모부와 이모를 생각해 그곳에서 나온다는 고로쇠물을 보내며 건강하라고 하더니, 이번에는 산에 가서 고사리와 머위를 따 상추와 쑥갓, 깻잎을 비닐랩으로 곱게 싸 택배로 보내 왔습니다. 고운 모습처럼 마음까지도 예쁘게 정을 담아 보내왔습니다. 싱싱한 나물들이 마치 그 아이가 나를 부르며 웃는 얼굴을 보는 것 같습니다. 제 몸은 쉴 틈 없이 고달프면서 우리에게는 언제나 웃으면서 안부를 묻고 소식을 전하는 조카. 아직 기온이 차가와 코끝이 시린데 말입니다. 사기꾼에 속아 입은 상처로 큰 고통과 괴로움을 가지고 있는 조카가 이 차가운 날씨에 산에 가 나물을 따 보냈을 것이라 생각하니 마음이 시려옵니다.

오늘도 고달픈 흔적은 나타내지 않고 명랑하게 웃으며 전화를 받습니다. 수양하는 마음으로 그 깊은 산속에서 음식장사를 한다고. 그 곱던 모습이 망가져가고 있는 것을 보면 마음이 아프다 못해 저려옵니다. 우리하고 같이 살자고 했지만 "이모부 말씀은 고맙지만 저로 인해 마음 아파하시는 것을 알기에 신세를 지기는 더욱 싫다."고 합니다. 이모들을 보면 급성간암 때문에 64세의 나이로 고생하다 떠난 제 엄마 생각이 나는지, 슬픔을 감추고 재롱을 부리기도 하고 장난스러운 말로 이모들을 웃기기도 합니다.

산골에서 닭과 오리, 토끼까지 기르며 칡넝쿨이나 씀바귀를 뜯어다 먹이느라 팔뚝은 풀독으로 거칠 대로 거칠어졌습니다. 얼굴은 몰라 볼 정도로 볕에 까맣게 타 예전 사람이 보면 몰라보는 아줌마가 되었습니다. 주위사람들도 처음에는 조금 있다 떠나겠지 했지만 지금까지도 혼자 지내는 것을 보면서 좋은 이웃이 되어주었습니다. 그러나 경제적인 수입이 너무 적어 어렵게 살고 있는 옥이에게 나는 건강하라고 밖에 할 말이 없습니다.

귀여운 조카 덕에 신토불이 봄나물을 남보다 먼저 맛을 보니 여느 때와 비교할 수 없이 맛도 기분도 좋습니다. 추운 산에서 분노를 삭이고 사랑으로 캔 나물. 옥이의 정성으로 우리는 건강하게 살아야 할 것 같습니다.

"MBC 네 덕에 남들보다 먼저 봄나물 맛을 볼 수 있게 해주어 이모는 더 없이 행복하다. 사랑한다. MBC, 네게도 어서 밝은 햇살이 비치기를 바란다. 힘내다오. 사랑한다, MBC."

명품 무

우리 마을 무는 씨로도, 맛으로도 이름 있는 곳이었습니다.

맛좋은 무를 재배하기 위해 씨를 받는 과정부터 많은 노력을 기울였습니다. 늦가을이 되면 무 잎을 따고 뽑은 무는 밭이랑에 만든 굴에 높이는 50㎝ 정도 두 줄로 꼬리와 꼬리가 마주 닫게 묻습니다. 겨울에 작업해서 다음해 봄 서울로 운송하기 위해서였지요. 이런 작업을 하면서 예쁘고 잘생긴 종자 무를 선별하는데 이름을 장다리무라고 합니다. 이른 봄에 심고 얼지 않게 짚으로 덮어두면 꽃이 피고 씨앗이 열립니다. 씨앗이 약간 누런빛으로 익으면 베어말린 다음 '홀태'(벼 따는 농구)로 훑어 씨를 받아 밭에 뿌리는데 이때는 무씨가 아닌 '댕가리'라는 이름이 붙습니다. 이 댕가리는 지금의 열무처럼 뿌리는 없고 꽃이 피고 씨앗이 됩니다. 그 씨앗을 앞에서 하던 것과 같은 일을 반복해 씨를 만듭니다. 이렇게 만들어진 무씨는 6, 7월이 되면 빈 밭에 미리 뿌려둔 인분이 삭아 없어지고 난 다음, 쟁기로 밭을 갈고 굵은 흙덩이는 여자들이 '목대기(나무로 만든 T모양 농구)'로 부수고, 그 뒤에 남자들이 퇴비를 뿌려 다시 쟁기로 갈면 퇴비는 무를 심을 수 있는 두렁 안에 묻히게 됩니다.

이렇게 굵은 흙덩이를 부수고 나무로 만든 '작두'라는 농구가 두덩에 무씨를 넣을 구멍을 만들고 지나갑니다. 그것은 '목대기' 처럼 생겼지만 아래에 붙이는 나무가 약간 넓습니다. 넓은 곳에 다시 팽이처럼 둥근 모양의 나무를 붙여 만들었는데 그것으로 한 사람이 두렁에 들었다 놓았다 두 줄로 찍으면서 구멍을 만들고 가면, 한 사람은 씨앗을 넣고, 그 뒤에서 다른 한 사람은 대빗자루로 쓸며 가는 것이 무 심는 과정은 끝이 납니다.

무를 심고 칠월 말이나 팔월 초가 되면 무는 10센티 정도자라면 솎아 줘야하는데, 그때는 많은 사람이 필요하고 또 솎는 과정에서는 한 무더기 중에서 제일 튼튼하고 좋은 싹을 가진 무만 두고 솎아줍니다. 그래서 먼 곳에서 도시락을 싸가지고 일찍부터 일하러 오는 사람들이 많았습니다. 일당을 받고 하는 사람도 있고, 솎은 무를 가져다 파는 사람도 많지만 마을에서는 김치를 담고, 삶아서 나물도 먹고 된장국을 끓이기도 합니다.

또 익은 김치나 삶은 것은 민물고기를 끓일 때 밑에 넣으면 부드럽고 맛도 좋았습니다. 이렇게 받는 무씨는 다른 고장에서 우리 마을로 사러왔고 가격도 꽤 비쌌던 것 같습니다. 또 심은 무는 토질에 따라 약간의 차이는 있었지만 물이 많고 사근거리며 배 같이 달고 맛 좋기로 알아주었지요. 이런 무는 장사하는 사람들이 겨울에 작업해 화물열차로 서울역에 도착하면 상점주인들이 가져다 팔고, 무를 가지고 간 장사꾼들은 여관에서 기다렸다 돈을 받아 내려왔다는데, 그들 말에 의하면 최고로 알아주는 무라 서로 사가려고 했답니다. 이처럼 자연에 의지하고 살면서 행복하던 고향이 지금은 맑은 강물도 폐수로 변하고, 비행기장이 들어오고 지하철이 생기고, 문명에 밀려 멍들면서 사람들은 하나 둘 떠나고 있습니다.

동이 트면 밭에 나가 일할 준비를 하고 뜨거운 햇빛에서 일을 하며 바람을 부르는 노래가 있었습니다. '바람도 살랑 구름도 살랑, 우리 님 앞에서는 나도 살랑' 하늘을 보며 부르던 친구 엄마의 지정곡도 있었습니다. 너무 더워 힘들 때면 '내 사위 사가시오, 내 사위 사가시오' 하고 웃기는 노래를 부르며 일하던 우리 엄마들. 언니, 친구들이 있어 즐겁게 일하던 곳. 그렇게 일하느라 힘들어도 언니들은 언니들끼리, 우리는 우리들끼리 밤이면 모여 라디오에서 새로운 유행가가 나오면 배우려고 귀를 기울이고, 어느 날은 저녁밥을 일찍 먹고 부모님 몰래 친구들과 극장에 가 영화를 봤습니다. 재미있는 책이 있으면 돌아가면서 밤새워 읽으며 즐거움 속에서 미래의 행복한 꿈을 꾸었습니다.

식물의 씨를 받는 것도 이렇게 정성을 들이는데 인재를 만드는 것은 더 하겠지요.

지금은 자연만 오염된 것이 아닌 것 같은 생각이 들 때가 있습니다. 자연을 멀리하는 것일까, 교육의 잘못일까, 아이들 정서가 말라가는 걸까. 부모들은 자식의 장래를 위해 교육을 시킨다고 하는데 그 말이 맞는 걸까 생각에 잠길 때도 있습니다. 모두라고는 하지 않지만 대부분 사람들의 말을 생각해 보았습니다. 여자도 배웠으니 나가서 돈을 벌어야하고, 자기 아이를 키우는데 힘들어 집에서 못 키우겠다고 하면서 돈 버는 것이 낫다고 한다는 말도 들었습니다. 친정엄마가 '나도 너희들 그렇게 힘들게 키웠다'고 했더니 '직장 생활했지 언제 키웠느냐'고 한다는군요. 혼자 벌어서는 경제도 어렵고, 자식 교육도 못시키니 맞벌이를 해야한다는 말도 맞습니다. 하지만 그렇게 하면 아이보다 돈을 먼저 생각나게 합니다. 아이를 봐주는 곳에서는 아이가 돈으로 보일 텐데 얼마나 정을 담아 보살펴 줄까요. 어떤 이가 유치원을 하는데 아이의 변이 돈으로 보이게 되니 더럽지 않게 보인다고 하더란 말을 듣고 과연 진실한 사랑으로 대할 수 있을까하는 생각이 들었습니다. 진정 따뜻한 사랑을 먹고 자라야 할 아이들이 부모사랑에서 점점 벗어나 남의 손에 자라면서 사랑하는 마음가짐을 키울 수 있을까, 하는 걱정도 들 때가 있습니다.

아이의 장래를 위한다고 하지만 아이들의 자유를 빼앗는 것 같아 안쓰럽습니다. 남의 아이보다 무엇이든 더 잘하고 더 나은 아이가 되기를 바라는 것은 어떤 부모나 같은 마음일 것입니다. 또 사랑하는 자식을 하루 종일 떨어져 있다 저녁이 되어서 만나니 서로 얼마나 애틋할까 상상해 봅니다.

그러나 부모들의 욕심은 끝이 없습니다. 열성 교육을 시키는 것이 모두 틀리고 나쁘다는 것도 아닙니다. 아이가 태어나면 '자기 복 자기가 타고 나는 거다' 하신 옛 어르신들의 말씀이 생각납니다. 부모가 인생을 대신 살아주지 못하고 본인이 살아가는데 부모는 옳고 그른 것을 가르치면 되는 것 아닐까하는 생각이 들어서입니다. 지금은 부모가 아이를 가르치려고 파출부를 해가면서 뒷바라지를 한다니 부모 삶은 행복일까요. 그러면 모두 훌륭한 사람이 될까요.

어려운 형편에서도 자신이 노력해야 하는 것 아닐까요. 지금 사회는 한 끼의 사랑이 담긴 음식보다 전화기에 컴퓨터에 의지

하고, 육체를 움직이는 것보다 편하게 앉아있거나 누워서 쉬운 것만 찾아 아이를 자꾸 약하게 하는 것 아닐까요. 옛날 부모들처럼 학교 갔다 오면 집에서 기다려주지도 않고, 함께 대화할 시간도 없이 학원으로 보내야하는 사회. 부모가 너무 하는 것 같지 않나 생각해 봅니다. 나 또한 어린 손자를 둔 할머니이며 엄마고 시어머니가 되니 이러나 봅니다. 생명이 아닌 물건과 생활하다보니 생명이라는 존재를 잊고 사는 것을 아닐까요. 그래서 요즈음 주위를 생각하지 않고 자기만 생각해 자살하는 사람들이 많아지는 것은 아닐까하는 무서운 생각을 하게 합니다.

나 자신도 제대로 못 가르치면서 이제와 뒤늦게 철드는 것 같습니다. 모든 사회가 사랑하는 아이들로 가득 채워주기를 바랍니다.

2.

행복의 이름으로

행복의 이름으로

어제 강화에 갔다 왔더니 피곤해 자리에서 일어나지 않고 이리저리 뒤척이다 TV에서 농촌 순례를 하는 사람들을 봤다.

사람이 자연과 공존하며 도시사람이 농촌사람을 살리고 농촌사람이 도시사람을 살리는 길이라 했다. 그 말이 맞다. 우리는 서로가 원하는 것을 조금씩 버려야 한다는 생각이다. 누구나 좋은 것을 갖고 싶고 먹고 싶은 마음은 인간의 본능이 아닌가. 그래서 농촌에서는 자연 그대로 먹는 것이 아니라 좀 더 좋은 농사를 지으려한다. 하지만 마음의 욕심이 지나치고 그것을 채우기 위해 육체적 피로가 쌓이는 것은 생각해 볼 일이다. 먼저 살기 위해 먹는지, 먹기 위해 사는지, 이것은 똑같은 대답이다. 도시사람이 꼭 농촌을 생각하지 않은 것 아니다. 살기 위해 먹는다면 모양을 볼 일이 아닐 것이다. 값이 싸면 먹을 것이다. 상품에 비해 싸지 않다고 여겨지는 것도 있고, 싼 것은 때로 비지떡이라는 말이 있듯이. 농촌사람이나 도시사람이나 내 것이 좋은 것도, 아까운 것도 다 알고 있다. 우리말에 잘 되면 내 복이요, 못 되면 조상 탓이라고. 우선 나를 생각해 보자. 자식을 낳으면 다른 아이보다 건강하고 예쁘게 키우고 싶고 좋은 것을 찾아 먹이고 싶다. 이러다 사랑이 지나쳐 내 자식은 남의 자식보다 잘 돼 보이고 곡식은 남의 것이 잘 되 보이는 과오를 범할 수도 있다. 그래서 자식의 능력을 모르고 좋은 학교를 보내려고 온갖 힘을 쏟는다. 사회에서 큰 사람이 되기를 원하고 그 다음은 내가 원하는 결혼을 해서 나에게 잘 해주기를 바란다. 말로는 너희들만 잘 살면 나는 괜찮다 하지만 그렇지 않다. 이렇게 생명이 다하도록 욕심을 부리는 우리다. 농촌 삶도 도시 삶도 누가 누구를 탓하는가. 도시사람도 건강에 좋다는 유기농 재배농산물을 먹고 싶다. 농사짓기가 힘든 만큼 도시 일반 가정에서 먹고 살기에 경제적으로 가격이 만만치 않다. 그래서 수입 농산물을 산다. 그러면 농촌사람들 농산물 수송비도 안 나온다고 불 지르고 갈아엎는다. 마음이 아프다. 어렵게 자식처럼 키워온 것들을. 수송비는 왜 그렇게 비싸졌는지. 인금이 오르는 것이 자식 교육시키고 잘 먹이고, 남보다 더 잘 살게 하려니 생활이 어려워 인금 인상이 요구되는 것 아닌가싶다. 중소기업에서는 일하는 사람 구하기가 어렵다하고 사회는 일자리가 없다고 한다. 임금은 하늘에서 정해진 것이 아니다. 하늘은 인간이 열심히 일을 할 수 있는 태양과 비를 내려 도와주는 것뿐이다. 아무리 홍수가 나도 이 땅 위에서 나누어 먹을 수 있는 만큼은 남겨진다. 그런데 우리는 사람과 사람의 사회가 아니라 사람과 욕심이라는 요물과 손을 잡고 사는 것 아닐까. 그 욕심이 사랑이라는 곳에 채워진다면, 지금 같은 세계적 무서운 일들도, 개인의 아픔도 없겠지만 사람들은 욕심 그릇이 다 채워져야 행복하다고 믿기 때문에 만족한 행복은 끝나지 않을 것 같다.

고향을 떠나며

고향은 지금 내가 살고 있지 않아도 언제나 찾아가면 어린 시절 추억을 채워준다. 세상 떠난 부모님과 큰언니가 그리울 때면 숨결을 느끼듯 둘러보던 고향집. 그곳에서 작은언니가 식당을 하고 있어 고향친구들과 모이기도 했다.

언제 누구와 가도 불편 없이 다니던 집, 한도 많고 사연도 많은 그 집을 오늘 팔았다. 그런데 이렇게 서운할지는 몰랐다. 가슴이 두근거리고 허전하다 못해 힘이 빠진다. 사연이 많아 팔아버리면 시원할 것 같았는데 말이다.

원래 그 집은 큰언니집이었다. 큰언니는 아들 둘에 딸 하나인데 남편이 바람으로 아이들을 돌봐주지 않아 자식 뒷바라지가 어려웠다. 할 수 없어 조그마하게 가게를 열었지만 그것으로는 아이들 가르치고 먹고 살기도 턱없이 부족했다. 그러다 큰아들 결혼하고 생활은 점점 더 어려워졌다. 큰조카는 뭐래도 하겠다고 언니에게 도움을 청했다. 언니는 아들의 사업자본을 대기 위해 내게 부탁을 했고 나는 남편 알게 모르게 금전거래가 있게 되었다. 그러다 액수가 불어나더니 나중에는 말하기가 미안했던지 집을 팔면 갚아주겠다며 급하게 부탁하기도 했다. 그때마다 집을 팔지 말라고 말렸는데 어느 날 언니에게서 집을 팔았다는 연락을 받았다. 돈이 모자라 나에게는 줄 돈이 없다고 한다. 나는 내 돈을 달라고 말했지만 돈이 문제가 아니었다. 큰아들과 함께 살고 있었는데 둘째 손자가 정신지체장애며 누워서 먹여주는 밥을 먹고, 마음에 들지 않으면 소리 지르고 온 방안을 발로 차며 헤집고 다니는 상황이다. 당장 이사할 방 하나도 구할 수 없는 처지가 되었다. 보다 못하여 계약자 집을 찾아가 사정을 말하고 해약을 부탁했다.

계약금을 배상하고 집을 찾은 다음 어떻게 하려고 했는지 언니에게 물었더니 세상 정리를 하려고 했다는 것이다. 집도 없이 장애인 손자를 데리고 어디에 가서 살겠느냐며. 그래도 다 망해버린 아들생각 뿐이었다. 나는 또 채무자를 찾아가 이자를 감해 달라고 해서 해결했다. 언니는 걱정하지 말고 이곳에 살다 집값이 오르면 그때 팔아 내 돈은 원금만 주고 전세방이라도 얻어

갈 수 있을 때까지 살라고 했다. 그렇게 세월이 흐르고 우리는 집에 대해 말이 없었다.

몇 년이 지나 언니는 급성간암으로 입원한 지 한 달 만에 마지막 길을 가고 말았다. 그러나 집 문제는 이때 다시 시작되었다. 언니를 묻고 3일 후 조카가 말했다. 집이 언니 명의로 되어 있어 조카가 담보로 사채를 빌려 쓰고 있다고. 돈을 갚지 않으면 한 달 내로 넘어가게 되어 있으나 조카들은 갚을 길이 없다. 남편은 사채업자에게 넘어가게 두라했지만 그럴 수 없었다. 거기에다 조카들은 기회가 오기라도 한 듯 차마 할 수 없는 말을 했다. 하나는 언니 산소 자리를 만든다며 벼르고, 하나는 집을 핑계로 내게서 돈을 탈 생각을 하며 형만 주고 자기는 안주느냐고 소송하겠다고 하니 기가 막혔다. 하지만 난 고양이 앞에 쥐처럼 남편 눈치를 보며 해결해 주기를 기다리고 있었다. 어쩌다 착하기만 하던 조카들이 저렇게 변했는지.

남편은 이 모든 복잡한 문제를 해결하고 부모님 집을 팔고 작은언니에게 가게를 하며 누구든 모시고 살게 했다. 이렇게 우여곡절이 많은 집이었지만 언니는 그럭저럭 자식들 결혼시키고 부모님도 천수를 마칠 때가지 별 탈이 없었다. 그러다 4년 전, 질부가 시어머니를 도우러 손자를 데리고 왔다 일을 마치고 돌아가기 위해 조카가 데리러 오기로 했다. 5살짜리 둘째 손자와 며느리가 가게 앞에 나갔을 때 조카가 막 도착해 기다리고 있었다. 그때 아빠 차에 달려가 있는 아이를 옆 가게에 온 손님 차가 치며 10미터 끌고 갔다. 할머니와 부모가 보는 앞에서. 그 후 도저히 견딜 수 없다며 남에게 세를 주고 작은언니는 딸 집으로 갔다.

그런데 며칠 전 갑자기 집을 관리하고 있던 언니로부터 의논할 일이 있다며 전화가 왔다. 옆집에서 우리 집에 사는 사람들을 내보내고 그 집을 사겠다고 한다는 것이다. 옆집 사람은 동네 토박이며 친구 오빠다. 오래전부터 집을 욕심내는 것을 알지만 심통이 심한 그들에게 팔고 싶지도 않았을 뿐더러 팔 필요도 없었다. 또 위치적으로 언제인가 비행기장으로 흡수하게 되어 있는 곳이다. 그동안 언니를 헐뜯고 괴롭혔기 때문이다. 그런데 얼마나 갖고 싶었는지 그동안 잘못했다고 오해가 있어서라고 하면서, 그 아들이 울먹이며 부모를 위해서 효도 한번 해보겠다고 부탁한다. 하지만 그들은 얼마 안 있으면 흡수 한다는 것을 알고 미리 사 자기네 가게를 넓히고 보상을 많이 받으려고 한 짓이다. 알면서도 지금은 팔 수밖에 없다. 내가 관리할 수 없으니 인심 쓰는 척 팔았다. 아버지와 엄마 그리고 언니도 그곳에서 보내드렸는데. 어제 저녁에는 돌아가신 분들을 언니가 뵈었단다. 이렇게 이루어질 것은 상상도 못 했는데 그래서 그분들이 보였나보다고 한다. 그랬을까, 잠이 오지 않는다. 눈앞에 마을 골목이 그려진다. 언제 오게 될지 모르는 고향, 언덕 넘어 꽃밭도, 추석이면 친구들과 다리난간에 그네 줄을 매고 탔던 곳도, 맑은 물이 흐르고, 모래 속에 발을 묻고 끌며 재첩을 잡던 추억 모두 꿈속에서 보겠지. 다리를 달리는 차창 밖으로 안녕이라 말을 마음으로 남기며.

고슴도치 할머니

온천 입욕쿠폰을 얻었다. 넉넉히 표를 얻어 나도 인심 쓰고 동생에게 몇 장을 주고도 온 가족이 갈 수 있었다.

여름휴가를 맞아 아들들은 어디라도 다녀오자고 하지만 대답을 안했다. 큰손자는 어디든 갈 수 있지만 이제 걸음마를 하는 둘째와 돌을 앞두고 있는 어린 손자가 있어 금년 피서는 오히려 더 힘들 것 같은 생각이 들어서다. 또 함께 가자는 말은 고맙지만 나도 며느리들도 서로 불편할 것 같은 생각이 들어 드라이브 겸 파주에 있는 온천에나 가자고 했다.

아들들이 일찍 올라 왔다. 큰아들 뒤를 며느리가 손자를 안고 오는데 할머니를 보는 아이는 입을 삐죽이고 울먹거리더니 손을 벌리고 내게 안긴다. 들어오면서부터 우리에게 행복을 전

한다. 할아버지가 오라고 하는데 싫다고 고개를 돌려버린다. 아직 돌이 지나지 않았지만 가족을 알아보고 어리광도 할 줄 안다. 생각하니 내 핏줄이어선지 영특하고 귀여워 어찌 할 줄 모를 정도다. 아이로 인해 정말 행복하다.

아들네 두 가족과 우리 내외가 두 차에 나누어 타고 파주 쪽으로 간다. 남편과 아들들과 헤어져 온천장 안으로 들어갔다. 온천 물속에 들어가면 손자들이 잘 놀 것이라고 생각했는데 아이들은 낯선 분위기에 놀라 두리번거리며 엄마만 찾는다. 큰아들 손자 진수는 어제부터 젖을 먹지 않고 놀기만 한다더니 오늘은 짜증을 낸다. 젖을 먹지 않으니 제 어미는 젖이 불어 아파하는데 엄마의 고통 따위는 아랑곳없이. 할머니와 잘 놀고 있는 진수가 정말 귀엽다. 둘째네 준수는 엄마를 찾고 칭얼대더니 그 눈에 뚱뚱한 사람이 신기한지 엄마 찾는 것도 잊고 놀라 바라보는 모습이 우습다.

남자들과 약속한 시간은 어느새 다 되었다. 서둘러 밖으로 나오니 삼부자가 먼저 나와 기다리고 있다. 아들과 며느리 손자들과 한 번도 와보지 않은 판문점으로 갔다. 따가운 햇볕에 구름 한 점 실바람도 없다. 차에서 내리자 눈을 뜨기도 힘들지만 내려야 한다. 여기까지 왔으니 판문점 다리라도 밟아 보고, 왔다가 소망을 적어둔 사람들의 글도 보여줘야겠다고 마음먹고 다리 아래 연못을 보며 걸었다. 그러자 큰손자가 다리 아래로 내려가 보자고 할미 손을 잡아끈다. 우리나라 지도모양으로 연못을 만들어 놓은 곳으로 갔는데 갑자기 쉬가 마렵다고 "할머니 저 나무 밑에서 하면 안돼요?" 한다. 나는 "안 된다."고 하면서 손자에게 공공질서를 지켜야 한다는 것을 알려 주었다. 구슬땀을 흘리는 손자 손을 잡고 매점에서 아이스크림을 하나 사 손에 쥐어주니 해처럼 웃으며 좋아한다. 돌아오는 길에 강 건너 저쪽은 어디인지 아느냐고 큰손자에게 물었더니 북한이라고 알고 있다. 창밖으로 보이는 풍경이 영화에서 본 한 장면처럼 아름답다.

어느 날 남편이 입원했을 때다. 한강변의 야경이 불기둥 그림자가 물속에 있는 것을 보며, 진정 동화 속에 나오는 마을이 이럴지도 모른다고 생각했다. 차가 달리는 길옆 가로등과 차 불빛 또한 황홀해 말로만 들어본 파리의 세느 강 생각을 해보기도 했다.

집에 온 둘째는 떠나는데, 큰아들네는 다 가고 나면 쓸쓸할 부모를 배려하는 마음인지 저녁까지 먹고 천천히 가겠다고 한다. 아들 키울 때가 엊그제 같은데 어느 사이 할머니가 되어 손자를 보고 행복해 하면서. 봐도봐도 싫지 않은 고슴도치 할머니가 되어 버렸다.

친절한 간호사

오래전부터 치질 때문에 고생하는 남편. 언젠가는 수술해야 한다고 생각했는데 정작 예약을 하고나니 의술은 옛날보다 좋아졌다지만 걱정이 앞섰다. 남편은 여러 가지를 알아보았다고 하면서 지금은 하루만 입원하고 수술 3, 4일이면 회사에 출근할 수 있다고 한다.

예약대로 입원하고 토요일 오후 1시 마취실로 들어갔다. 막내시동생이 왔다. 그는 아무리 간단한 수술이지만 왜 아들들에게 알리지 않았느냐고 한다. 시동생은 한참 기다리다 말없이 나갔다 오더니 내 손에 계산서를 쥐어 준다. 처음 입원절차를 시작할 때 일요일 퇴원하면 토요일 계산해야 한다고 했다. 접수처에서 계산을 하려는데 아직 수술을 하지 않았으니 수술 후 하라는 말에 그냥 왔는데 시동생이 계산을 하고 온 것이다. 시동생은 지난해 같은 수술을 받아 수술 후 필요한 것과 주의할 것을 자세히 말하고 일이 바쁘다며 돌아갔다. 천안에 사는 큰아들이 왔다. 남편의 수술 소요 시간은 2시간 30분. 하반신 마취가 풀리기도 전 수술이 끝나면서 곧 병실로 들어갔다. 관상동맥수술을 했을 때와는 다르게 밝은 모습으로 나온 남편을 보니 마음이 안정되었다.

남편과 아들이 내가 그때까지 점심을 먹지 않고 기다린 것을 알고 걱정을 한다. 빨리 점심 먹으라고 재촉하더니, 내 손등에 붙은 거즈를 보고 남편과 아들이 깜짝 놀란다. 사실은 지난가을 시골언니가 준 호박을 해먹을 기회가 없어 냉장고에 처박혀 있었다. 남편이 병원에 간다는 말을 듣고 뒤숭숭한 내 마음을 알고 동생들이 온다기에 호박죽을 끓이다 손등을 데었다. 그래서 수술을 앞둔 남편이 알면 마음이 언짢을 것 같아 몰래 집에 있는 약으로 응급처치를 했는데 이제 보게 된 것이다.

점심을 먹으러 가는 길에 아들이 약국으로 데리고 가 화상밴드를 사서 붙여주면서 물을 만져도 걱정하지 말고, 상처 부위가 부풀어 오를 때까지 그대로 두었다 3일 후 다른 것으로 바꿔 붙이라고 한다. 아들의 투박한 손이 참 따뜻하다.

아버지의 수술이 무사히 잘 된 것을 보고 아들은 사업관계로 약속이 있어 내려갔다. 토요일 오후 병원은 조용하다. 마취가 풀린 남편은 통증이 시작되어 진통제 주사를 맞았다. 한참을 기다려도 효과가 나타나지 않자 다시 또 놔주면서 어지러움과 구토가 있을 수 있다고 한다. 다행히 어지러움과 구토증상은 없고 통증이 나아진다고 한다. 주간 간호사가 퇴근했는데 남편이 갑자기 어지럽고 구토가 나온다고 얼굴색이 노랗게 변해가며 고통을 호소한다. 간호사가 들어와 옆으로 눕게 하고 링거약이 빨리 들어가게 한 다음 심호흡을 하라고 한다. 조금씩 진정되어 가더니 얼마 후, 약 효력이 끝났는지 통증이 시작되어 이번에도 간호사를 불렀다. 다시 주사를 놔주고 나가려던 간호사는 나를 보고, "여기서 주무실 거예요?" 하더니 집에서 자고 오라고 했다.

환자 홀로 두고 집에서 잠들지 못해 환자 옆 보호자 소파에서 자면 되니 걱정하지 말라고 했다. 말없이 밖으로 나간 간호사는 환자이송용 침대에 이불과 베개를 싣고 들어왔다.

"불편하시지만 천만 원짜리 비싼 침대니 하룻밤 주무셔보세요." 하고 농담을 하면서 웃으며 나갔다. 그날 밤 생후 최고 비싼 침대에서 간호사의 따뜻한 배려로 하룻밤 편한 잠을 잤다.

밤에 주사를 놓으려고 간호사가 들어왔을 때 내가 전등을 켰더니 밝은 전등보다 소등을 하고 주사 놓는 것에 익숙하다고 한다. 생명을 다루는 일이니 어느 것 하나 소홀히 할 수 있겠는가. 의술에 몸을 담고 있는 모든 분들은 이렇게 되기까지 많은 실습과 고생은 보지 않아도 알 것 같다. 밝은 불빛은 눈이 부시다고. 그것은 아마 갑자기 불빛이 밝으면 환자의 눈이 부실까봐 그 또한 환자를 배려하느라 그러는지도 모른다. 밤낮을 환자들의 고통을 보면서 얼마나 힘들까. 이들의 생활이 이해되고 고마움도 잘 알고 있다.

지금까지 살아오면서 병원 특실에 입원도 해보았지만 환자 보호자에게까지 이처럼 신경을 쓰고 따뜻하게 배려를 하는 간호사는 처음 보았다. 친절 그 말 한마디가 치료가 되기도 한다. 이 간호사야말로 사명감을 다하는 진정한 백의천사가 아닐까. 칭찬을 아끼고 싶지 않다.

업둥이

아침 일찍 외출할 일이 있는데 추운날씨라 남편이 데려다주기로 했다. 자동차 시동을 거는 동안 주차장을 둘러본다. 언제인가 오래전 누가 주차장 구석에서 잠바와 모자를 놓고 불을 지르고 간 일이 있어 서다. 또 화단에 담배꽁초는 물론 쓰레기를 여기저기 버리는가 하면, 아이들이 공을 벽에 차고 놀다 씹던 껌을 뱉기도 하고. 차를 그어 놓기도 한다. 해서 주차장에 내려가면 구석을 살펴보고 오가며 쓰레기를 주워 담는데 남편은 이런 내 행동을 싫어한다.

내 집 내가 더럽게 하면 남은 더 한다는 생각이다. 사실 여러 세대가 살다보니 그렇다. 하지만 추워 데려다준다고 나온 남편이 고마워 마음 상하게 하고 싶지 않아 주차장과 화단을 둘러

보기만 했다. 화단에 누가 버렸는지 종이에 싼 꽃다발이 버려져 있다. 들어오면서 버려야겠다는 생각으로 그냥 외출했다 4시경에 들어왔다. 아침에 보았던 꽃다발이 그대로 있다. 누가 또 버렸을까. 나는 버려진 꽃을 묻어야지 하면서 나갔다. 그런데 이게 웬일인가 꽃은 시들지 않고 나를 보자 연둣빛 강보에 싸여 있는 아기처럼 파르르 떨면서 웃고 있다. 영하의 추위에도 아침부터 저녁까지 시들지 않은 것은 나를 기다린 것 같았다. 불쌍하기도 하고 반가운 마음으로 들고 안으로 들어오며 '추웠지? 몹쓸 사람 누가 그랬을까 빨리 물에 담궈 줄게' 하고 중얼거리며 아직 피지도 못하고 머물러 있는 빨강 장미와 안개꽃을 안고 들어왔다. 남편은 무슨 꽃이냐고 하면서 병에 꽂으면 되겠다고 한다. 남편과 나는 꽃을 들여다보며 덤으로 행복한 웃음을 지었다. 꽃을 좋아하는 나는 꽃다발보다 화분이 더 좋다. 크고 작고 비싸고 싸고 가격은 떠나서 오랫동안 그 사람을 생각할 수 있어서다. 그래서인지 내 생일이면 시동생이 예쁜 화분을 보내오는데 꽃이 피고 질 때를 보며 고맙고 슬픔과 즐거움도 느낀다.

업둥이를 생각했다. 아이가 없는 집에 아이가 생기면 이렇게 기쁘겠지. 그래 너는 오늘 내 업둥이다. 네가 태어나기 위해 산모와 같은 고통도 있었을 것이다. 꽃이 피기 위해 진통을 겪으며 태어났을 텐데 본의 아니게 원하지도 않은 사람에게 전해지다니. 붉은 피를 갖지는 않았지만 생명이 있는 것인데 버림받고 내 집 업둥이로 오게 되었구나. 운명과 인연은 이런 건가 하는 생각을 해본다. '내가 좋아 하는 것을 어떻게 알고 다른 집도 많은데 우리 집 화단에 갔다 둔 거야' 하면서 꽃대가 빨리 상하지 않도록 물에 약간의 '락스'를 넣고 화병에 물을 담아 자리를 잡아 주었다. 그리고 가만히 '사랑해 너를' 하고 속삭이며 입을 맞췄다. 장미가 짙은 향기를 내며 빨갛게 피기 시작한다.

지금 이 시간은 베란다에 자색으로 핀 난의 향기도 좋지만 식탁 위를 장식하며 웃는 업둥이 꽃이 실내를 밝게 해 즐겁다. 나는 다른 곳이 아닌 내 집에 놓고 간 알 수 없는 사람에게, 당신 덕에 행복을 느껴 고맙게 생각한다고 말해주고 싶다. 누가 누구에게 주었든 그것은 상관하지 않는다. 돈이 드는 것이 아니고 물만 있으면 음료수병에라도 꽂을 수 있건만 이렇게 작은 생명이라고 아무렇지 않게 버리는 정서가 메마른 사람이 세상에 얼마나 될까. 길을 가다 버려진 화분이 있으면 주워 물을 주고 꽃을 피우는 사람도 있지만 취미와 생각이 다른 사람이 많은 세상이지 않은가. 나는 작은 생명이지만 식물도 살아있어 목말라하며 서 있을 때는 물을 주고 가야 발걸음이 가벼워진다. 정이 헤퍼서일까 하고 생각하지만 누가 뭐래도 오늘 이 꽃다발은 내게는 업둥이다. 나는 이 작은 생명도 인간에게 즐거움을 주는데 남에게 즐거움이나 행복을 줘 본 적이 있을까 하고 왔던 길을 뒤돌아보게 한다.

어느 날 밤 생년월일이 적힌 쪽지와 함께 포대기에 싸인 아기가 문 앞에 놓여있었다는 업둥이를 키우며 행복해하는 지인의 마음을 이해할 것 같다. 업둥이를 받아들인 그는 복을 받았다. 아이가 초등학교 6학년이 되던 해, 40을 바라보며 첫 아들을 낳았고, 지금은 아들을 결혼시켜 손자까지 보았다고 행복해한다.

자기 할 나름이다

들에 홀로 서 있습니다. 하늘은 맑고 꽃들이 웃고 있습니다. 바람이 꽃과 나뭇잎을 건드리고 지나갑니다. 얼마 전 논에는 모내기 한 어린 벼들이 자리 잡기에 몸살을 하더니 이제는 제법 푸른 물이 올랐습니다. 아직 다음에 올 세상이 어떤 난관이 닥쳐올지 모르고 자신 만만한 용기 있는 청년 같습니다.

바람이 나뭇가지를 흔들고 지나갈 때면 쓸쓸함과 서글픔이 엄습해옵니다. 풀숲에 꽃도 웃고, 하늘을 나는 새들도 노래하고 즐거워하는데, 왜 그들의 즐거워하는 현실보다 미래가 자꾸 그려지는지 모릅니다. 인생은 나그네의 소풍길이고 피안의 세계가 있다고들 합니다. 피안의 생활이 정말 있을까, 사람들이 말하는 전생이 있을까.

꿈을 꾸는 것만 같은 생활 속에서 산이나 들길을 가다보면 사람의 흔적만 보아도 마음이 그곳에 닿을 때가 있습니다. 사람은 보이지 않지만 햇살을 기다리고 있는 빨랫줄에 널린 빨래를 보면, 사람의 정이 배어있는 것 같아 마음이 따뜻해집니다. 어른 옷, 아이 옷, 올망졸망 매달려 바람이 흔들면 춤추고, 해가 웃고 찾아오면 근심걱정 무거운 짐 다 내려놓은 듯 가볍게 흔들립니다.

마음은 바람처럼 왔다 갔다 하는지, 또 풀숲을 날아다니거나 기어 다니는 벌레들에게 이렇게 물어볼 때도 있습니다. '너희들은 왜 다른 사람들 눈에 혐오감을 주게 생겼니? 아름다운 꽃처럼 예쁘게 태어나 사랑을 받지. 너희들이 아름답게 자라가는 과정인 줄은 아는데 몸에 닿거나 스치면 소름이 돋고 놀란단다' 하고 속으로 중얼거려 봅니다. 나를 해치지 않은 곤충인데도 그것들을 보면 싫어서 만지지 않으니까요. 이렇게 살아가는 방식이 서로 다른 여러 가지들이 있습니다. 미물도 그들대로 규칙이 있어 일렬로 줄을 지어 앞을 따라갑니다. 개미도 분야별로 맡은 일이 있습니다. 산 위에 올라 자동차가 달리는 길을 보면 한길로 줄지어 가는 모양이 개미들을 연상케 합니다.

이곳 바기오에 와 어느 목사님이 내가 꽃을 좋아하는 것을 알고 점심을 사주겠다고 해서 따라 갔습니다. 그곳에는 골프장이 두 개 있는데 하나는 골프를 치고 샤워만 하는 곳. 한곳은 돈 많은 사람과 마닐라의 고관들이 휴양을 오는 곳이라 회원권 값도 다른 곳에 비해 높다고 했습니다. 내가 간 곳은 잘 다듬어진 잔디와 꽃, 호텔에 레스토랑이 있는 골프장이었습니다. 마닐라는 덥지만 바기오는 우리나라 가을 날씨처럼 시원하기 때문에 여러 나라 사람들이 많이 드나드는 곳입니다. 그곳에서 점심과 차를 마시고 그들을 따라 갔습니다. 한쪽으로 돌아가니 호텔 안쪽에는 마닐라에서 높은 사람들이 와 머물다가는 곳이랍니다. 그곳에는 수영장과 당구장 그 외에도 운동시설이 갖추어져 있었습니다. 좋은 구경을 하고 기분도 좋았습니다. 호텔 정문 앞이었습니다. 호텔 앞에는 미국, 영국, 일본, 중국 등 여러 나라 국기가 게양되어 있었습니다. 그런데 우리나라 사람 2만 명이 살고 있다는데 태극기는 없었습니다. 나는 목사에게 "우리 태극기는 왜 없어요?" 하고 물었습니다. 대답은 듣지 않은 것만 못했습니다. 그 대답은 어느 날 마닐라에서 높은 고관이 쉬고 있는데 수영장이 소란했답니다. 그는 관리에게 영문을 물었는데 한국사람이 데리고 온 아이들이 그런다고 했답니다. 그 한국사람은 공부하러온 한국아이들을 데리고 있는데 집에 수영장이 없어 이곳에서 놀도록 했던 겁니다. 그 후로는 한국사람에게는 회원권도 팔지 않으며, 가지고 있는 것도 팔겠다고 하면 자기네가 회수한다고 합니다. 때문에 시설이 좋은 그곳에 한국사람은 가기 어렵게 되었다 합니다. 그 말을 듣는 순간 자존심이 상했습니다. 그래서 호텔 앞에 우리 태극기는 빠졌다합니다. 한국사람이 이곳에 2만 명이나 거주하고 있다는데 말입니다. 나 하나의 행동을 얼마나 신중해야하는가를 생각하게 했습니다. 모든 것은 제 하기에 달렸다는 말이 떠올랐습니다.

한마디로 추방이라는 것 같아 몹시 기분이 씁쓸했습니다. 이러한 대우를 받아가면서도 이곳을 이용하는 우리 국민이 있다는 것이 마음 아팠습니다. 또 이 많은 아이들을 데리고 공부한다는 명목으로 남아 있어야 하는가 하는 생각이었습니다. 공부가 뭐고 영어가 뭐기에. 학교에서도 어떤 아이들은 '왜 필리핀에 왔어, 네 나라가'라고 한다 했습니다. 어린아이들에게 이렇게 자존심 구기는 말을 듣게 해야 하는지. 당당하게 살아야 하는 아이들이 학교에서도 차별을 받는 것은 아닌지. 우리나라 교육비가 생활비보다 더 들어간다고 하니 좋은 방법이 있어서 국내에서 배우는 아이들이 되었으면 얼마나 좋을까 합니다. 아이들을 데리고 있는 분들이 조금 신중했더라면 하면서, 조금 전까지 보고 즐기던 아름다운 꽃도 부질없어 보였습니다.

판가시안 바닷가

예전에도 가끔 다녀왔던 '판가시안' 바닷가를 가고 싶었다. 바기오에서 '켐푸원' 길로 1시간을 내려가 '푸고' 입구를 지나 달리면 '아고'가 나온다. '아고'에서 좌측으로 가다 보면 도로 가에 듬성듬성 집이 있고 부캔베리 꽃들이 화려하게 피어있다. 울타리 역할을 하는 꽃도 있고 가로수로 피는 꽃도, 화분에 담겨 피는 꽃도 있다. 꽃과 푸른 바다가 나그네들을 즐겁게 반긴다. 그래서 꽃을 좋아하는 나는 꽃을 보러 다니는 것이 이곳에서의 즐거움이다.

푸고나 아고는 바닷가에 가기 전 넓은 평야라고나 할까. 논들이 있지만 농사를 짓지 않고 있는 땅들도 많이 있다. 그러면서도 이곳에서는 쌀이 모자라 수입을 한다고 한다. 그 땅은 지위가 높거나 돈 많은 사람들의 땅이라고 한다. 빈 땅에는 잡초가 무성한 곳도 있고 풀조차 말라버린 뙤약볕에서 소들이 풀을 뜯는 곳도 있다. 이곳을 지나면 '판가시안'이라는 이정표가 나오고 '판가시안' 바닷가가 나온다. 여기는 농사는 별로 짓지 않고 어업으로 사는 것 같다. 길가 건어물가게에는 큰 고기는 없는지, 새우와 멸치를 말리고 새우젓갈이 있다. 작은 고기들이 가게에 걸려 있는 새끼갈치 말린 것들을 보면 이곳에서 주로 잡히는 것들로 보인다. 바다 물결은 잔잔하고 쪽빛과 옥색 빛이 색동으로 깊이를 보이고 있어 매우 아름답다. 바닷가에는 보트나 작은 배들이 줄지어 있으나 아직 멀리 떠있는 많은 고깃배들은 그림 같다. 집이 있는 해변 논에는 소들이 새싹이 돋기도 전에 뜯어 먹어서 그런지 갈색이다. 소들의 배설물도 매우 많고, 그들은 말라 갈비뼈를 세어도 될 정도로 앙상해 보인다. 먹을 풀이 모자라서인지 더위에 시달려서인지 알 수는 없다. 사람도 짐승도 까맣게 말라 영양부족처럼 보인다.

손자와 같이 있을 때는 이 바닷가로 내려와 파도에 곱게 깎인 돌도, 죽은 산호가 문어발처럼 동그란 모양의 무늬를 처음 본 나는 신기해 손자와 줍기도 했다. 고국으로 간 손자가 보고 싶다. 오늘은 바다 가까이 내려가지 않고 바다 배경을 카메라에 담았다. '다구판' 가는 길, 마을 도로 한쪽에 차를 세우고 바닷가로 가는 골목으로 들어갔다. 바다 쪽으로 앞을 향한 집에 그늘막처럼 되어 있는 곳이 있다. 이곳 바닷가는 처음 와본 곳이다. 그늘막에 앉지도 않고 서서 몇몇 낚시하는 사람들이 고기 낚는데 열중하는 모습만 바라보았다. 우리가 앉지 않은 이유는 먹을 것도 없고 말이 통하지 않을 수도 있는데 잘못 앉았다가 자릿세만 내야할지도 몰라서다. 바다를 바라보고 있으니 키가 작고 까만 얼굴을 가진 집주인이 나오더니 누런 이를 드러내고 웃으면서 말을 걸어온다. 영어가 아니고 이곳 본토 말 '따갈로'라 알아들을 수가 없다. 우리는 모르겠다고 하며 웃으며 걸어오는 닭을 모델로 한 장의 사진만 찍고 나왔다.

날씨는 매우 덥다. 모처럼 나갔으니 조금 더 달렸다. 띄엄띄엄 가게라는 곳은 해를 가리기 위해 조그맣게 포장을 치고 야자를 쌓아놓고 판다. 아이스박스에 겉껍질을 벗겨서 넣어두고 1개에 20페소 우리 돈으로 250원쯤 된다. 야자 한 개를 사 마셨다. 가게주인도 따갈로로 말한다. 우리가 영어로 하라고 하니 영어로 어느 나라 사람이냐고 묻는다. 코리아라고 하니 남편보고 핸섬보이라 하고 나에게는 뷰티라고 하면서 웃는다. 더 멀리 가면 돌아오는 길이 늦을 것 같아 돌아오면서 '아고'시장에 들렀다. 점심도 먹고 화장실에 가기 위해 '줄라비(juribe)'라는 식당에 갔다. 점심을 먹고 나오면서 보니 바로 길 건너편에 시장이 있다. 몇 번을 지나다녔지만 처음 봤다. 상가로 들어가 장난감 가게를 기웃 거리며 3째 손자에게 줄 '니모(물고기 장난감)'를 찾아다녔다. 사촌이 가지고 있는 것을 본 아이가 늘 그것을 갖고 싶어 하는데 한국에서도 찾지 못하고 이곳 백화점에서도 없어 장난감 가게를 보면 늘 찾는다. 손자는 바기오 백화점에서 샀다고 하는데 몇 번을 가보았지만 없었다. 그때 잠깐 있다 없어진 것 같다. 그래서 우리는 돌아다니다 가게에 들르면 찾아본다. 오늘도 '니모'는 찾지 못하고 '페레란도'로 돌아서 왔다. '페레란도'는 옥수수가 많이 나는 고장인 것 같았다. 우리가 다니면서 늘 길가에서 옥수수 파는 것을 보고 몇 번 사가지고 왔었다. 옥수수는 우리나라 것보다 알도 모양도 작지만 맛은 찰옥수수 맛이다 그래서 오늘도 옥수수를 사가지고 오려했는데 아직 옥수수 철이 이른지 보이지 않는다.

우리가 나가 돌아다닐 때면 그들은 일본사람이냐고 묻기도 하고, 때로는 자기들끼리 그렇게 속삭인다. 그러면 나는 한국사람, 코리아에서 왔다고 말해준다. 그러면 올림픽을 말하는 사람도 있고, 생소하다는 표정을 짓는 사람도 있지만 언제나 그들과 나는 웃음을 교환한다. 또 시장을 가거나 줄서야할 일이 있으면 내 머리가 흰 것을 보고 앞에 세워주기도 한다. 기후도 다르고 풍습도 다르고 언어도 다르지만 나이가 많은 사람이면 어느 나라 사람이든 보살피려고 하는 것 같은 느낌을 받았는데 나만 그렇게 느끼는지 모르겠다. 이래서 사람 속에서 어우러져 살아갈 수 있는 것 같다.

늘 따뜻한 것을 좋아한 나는 초가을 같은 기온에서 살고 있으니 몸이 무겁다. 나만 그런 것 아니다. 다른 사람들도 따뜻한 것을 좋아하는 사람은 가끔 한 시간씩 차를 타고 내려와 온천에 가기도 한다. 몇 시간 차를 타고 돌아 다녔더니 약간 피곤함도 있지만 그래도 오랜만에 땀을 흘릴 정도로 따뜻한 곳으로 여행을 하고 돌아오니 무겁던 몸이 가벼워진 것 같고 기분도 좋다. 서울로 돌아가면 이곳 바닷가에서 바라본 풍경이 그리워지겠지. 우리나라의 사계절이 눈앞에 펼쳐지는 하루였다.

파파야 조림

아침 일찍 마인비인쥬로 해서 골프장으로 한 바퀴 드라이브를 했다.

필리핀에는 우리나라에 없는 열대과일이 많다. 바나나와 파인애플, 망고는 먹어봤지만 파파야와 두리안 그 외에도 여러 과일들은 먹어보지 못한 것들이 많았다. 이곳의 과일은 대부분 덜 익은 것을 따다 며칠 동안 놔두는 숙성과정을 거쳐야 맛이 난다는 것을 알았다. 그것을 모르는 나는 처음 망고를 사먹다 너무 맛이 없어 실망한 적이 있다. 그리고 파파야는 노란색과 주황색이 많은데 색깔은 관계없이 숙성이 잘 되면 호박처럼 물렁거리지만 달고 맛이 좋다.

그러나 숙성이 덜 되어 맛이 없는 것은 감자나 무처럼 조림에 사용하면 좋았다.

어제 맛없어 남겨 놓은 파파야는 점심때 고등어 조림하는데 깔고 그 위에 고등어를 양념해 얹었다. 과연 맛이 어떨지 궁금하다. 남에게 맛없는 파파야를 어떻게 하느냐고 물으니 맛없어도 그대로 먹는다고 했다. 그래서 조림하는데 무 대신 사용해 본 것이다. 고등어찌개가 끓으며 다른 생선과 똑같이 약간 비린내가 난다. 한참을 끓인 후 간을 봤다. 맛도 간도 적당하게 잘 되었다. 덜 익은 파파야는 호박 맛과 비슷하다.

맛있게 점심을 먹을 때 윗집 재훈이 아빠, 엄마가 친정어머니가 가져왔다며 인삼차와 계란, 수박을 가지고 왔다. 남편이 고국에서 가지고 온 카메라 설명을 부탁해서다. 고국에서 사용하다 한동안 덮어두었던 것이라 다루는데 서툴렀다. 글씨가 작아 돋보기를 써도 보기가 어렵고 설명서도 없어서다. 설명서를 가지고 왔으면 남에게 이렇게 부탁할 일이 없을 텐데. 짐도 아닌데 두고 온 것을 아쉬워하며 남의 도움을 받게 되었다.

전처럼 바쁘지 않을 때 같으면 괜찮은데 요즈음은 일을 하게 되어 밤늦게 들어온다고 한 그가 잠시 짬을 내어 점심시간에 왔다. 많이 미안했다. 점심을 같이하자고 했으나 점심 약속이 있다고 사양을 했다. 나는 그들에게 파파야로 조리한 고등어 자랑을 하면서 맛을 보라고 했더니 그들도 깜짝 놀라며 맛있다고 한다. 그들에게도 혹 맛없는 파파야를 사게 되면 요리를 해보라고 했다.

그리고 그가 돌아갈 때 줄 것이 없어 '트리니다드' 지방 대학교에서 기르는 닭 알을 선물 받은 것이 있다고 했다. 그 계란 맛 좋다고 하는 재훈이 엄마 모습을 보니 그 알을 주고 싶어 나눠 가졌다. 주는 사람에게는 미안했지만 나는 계란 맛을 잘 모르는지 다 같은 맛 같다. 그리고 계란이 싱싱하면 삶았을 때 껍질이 잘 벗겨지지 않는다는 것을 알았다. 아마 계란껍질도 숙성이 되어야 잘 벗겨지는가 보다. 그래서 그들에게 며칠 전 사온 뻥튀기와 계란을 줘 보내니 마음이 편하다.

그리고 잘 익지 않은 파파야는 장아찌를 담가도 좋을 것 같다는 말을 했다. 필리핀주민들은 파파야로 음식을 만들고, 바나나도 구워 먹고 튀기기도 하며 요리를 해먹는다. 우리도 우리식으로 입에 맞춰 만들어 먹으면 좋을 것 같았다.

지루한 오후 같아 대통령궁이 있는 식물원으로 산책을 하고 왔다. 식물원에는 우리 태백공원도 있으나 꾸며 놓지 않아 볼 것은 없지만 고향생각이 난다.

스위트 홈

장마가 지나고 나면 잠자리들의 비행이 시작된다. 논과 밭에서는 가을을 맞아 붉게 익은 고추가 얼굴을 살며시 내밀고, 심지 않은 들깨도 무성하게 자라 언제든지 필요할 때마다 써달라고 서 있다.

매일 아침 남편은 등산을 가고 나는 꽃밭을 바라보며 하루의 일과를 생각한다. 꽃이 좋아 실컷 심어보고 싶어 만든 이 꽃밭, 아침이면 벌들이 날아와 윙윙대며 먼저 하루를 시작한다. 나도 꽃들의 미소를 보며 즐거운 하루를 시작한다. 돈을 들여 사다 꾸민 것이 아닌, 이집 저집에서 얻고, 길 지나다 씨앗을 받아 일년초들을 심어 가꾸어 놓고 필 때를 기다리는 즐거움. 꽃이 피었을 때 바라보는 기쁨이 크다 못해 황홀해진다.

채송화가 넓은 마당에 고운 카페트를 깔아 놓은 것처럼 형형색색 피어 아무 생각 없이 매료 되어버린다. 마치 웃을 줄만 아는 아가들처럼 마당 가득 웃고 있다. 어쩌다 가지 하나 꺾어 다른 곳에 꽂으면 다시 살아 피어주는 악의 없는 꽃. 낮에는 피고 저녁때가 되면 접었다 아침이면 다시 피기를 반복하며 초가을이 시작될 때까지 핀다. 또 노랗게 피어 앞뒤를 가득 채우며 피어주는 야생화 춘차국은 밤이 와도 자지 않고 달과 이야기 한다. 또 접시꽃은 특이하게 검붉은 자주와 진한 보랏빛, 빨갛게 여러 가지 꽃들이 서로 먼저 봐주기를 시샘하듯 피었다. 저녁때가 되면 하얗고 노랑, 빨강, 분꽃들 속에 둘러싸이는 하얀 집.

사는 동안 떨쳐 버릴 수 없는 부모님이 생생하게 떠오르며 그리워지는 것을 어찌하랴. 가버린 그 시간 속에 어머니를 따라가고 있다. 깻잎을 따 양념을 해 담그고 있다. 찾아오는 계절 따라 고추가 익고, 튼실하게 결실을 해 사람들을 행복하게 하듯, 어머님은 언제나 초가을이면 자식들에게 깻잎김치를 담가 보내주셨다. 붉은 고추를 다 따고 나면 고춧잎 김치도 보내 주셨는데 어느새 내가 그대로 흉내를 내며 어머님의 마음을 닮아가는 시어미가 되어 있다.

언제나 하루 일과를 마치고 뒤돌아보며 생각한다. 어머님처럼 자식들에게 부끄럽지 않은 어머니요, 할머니로 살다가는 길, 내게 남아있는 것은 한없이 나누어줄 수 있는 사랑뿐이다. 어머님이 정말 그립다. 아니 보고 싶다.

가을과 며느리

가을이 오면 한 해가 가는 아쉬움과 그리움에 잠긴다. 지난날 어머님이 담가 주시던 김치가 생각나면서, '보리방아 물 부어 놓으면 시어머니 생각난다'고 뜻 있는 우스갯말을 하던 시골 할머니들 생각도 난다. 그러한 말들은 돌아가신 부모님을 생전에 잊고 살다 어려움이 있으면 생각한다는 말일 게다. 나 역시 그렇다.

나의 어머님은 17살에 맏며느리로 오신 지 한 달 만에 시어머니(내게는 시조모)께서 산후가 좋지 않아 한약을 드신 것이 잘못되어 7일 만에 4남매를 남겨두고 돌아가셨다. 시집온 지 한 달 밖에 되지 않은 17살 새색시였지만 밤이면 4살 난 시누이에게 가슴을 내주었다. 시아버지는 한 달 후 새 시어머니를 맞이하셨는데 그분은 후손이 없었다. 해서인지 술을 좋아하고 손자들을 예뻐했다. 나의 시아버지는 그분이 떠나시면 안 된다고 효도하도록 어머님과 가족들에게 부탁을 했고 몸소 효도를 실천하셨단다. 어느 때는 새할머님이 술을 마시고 주정하는데 전처의 아들인 내 시아버님의 머리를 잡고 흔들어도 그대로 맡기고 있었다고 한다. 그리고 술을 마시고 주정하다 저녁이라도 거르는 날은 시어머님은 새벽에 잠에서 깨어 바로 드실 수 있도록 해장국을 끓여 드리게 했다는 이야기를 어머님과 숙모님에게서 많이 들었다.

시아버지는 맏이인 내 남편이 19살 되던 해 새할머니와 어머니 그리고 아래로 5남매를 두고 일찍 세상을 떠났다. 그러나 가정 형편이 어려웠지만 어머님은 새할머니가 좋아하는 생선반찬을 떨어뜨리지 않고 챙기며 효도했다. 어쩌다 시어머니께서 서울 큰아들 집에라도 오실 때는 이웃에게 새할머니 식사며 여러 가지 부탁을 하고 오셨다. 그래서 "며칠 푹 쉬었다 가세요." 하면 "할머니 혼자 계시니 안 된다." 하셨다. 할머니와 어머니는 때로는 언짢은 일이 있어도 곧잘 풀고 우리들에게도 "할머니가 계셔야한다 잘 모셔야한다." 하셨다. 연세가 드실수록 어머님은 할머니를 더욱 챙기셨다. 그분이 계시니 때(식사)를 거르지 않고 반찬도 만들어 드신다면서, 나라면 싫기도 할 텐데 어머님은 아니었다. 동네에서도 옆 마을에서도 마음씨 좋기로 이름난 분이다. 내가 어머님과 살고 있을 때다. 바구니장수, 꿀장수, 인삼장수 등 행상을 나온 사람들이 잘 곳이 없어 하면 형편이 넉넉지 않아도 집으로 데리고 와 재우고 아침을 먹여 보내곤 했다. 그렇게 심성이 착한 분이셨지만 가슴 아픈 일을 많이 겪었던 분이다. 돌아가시기 하루 전 한 마을에 살고 계시는 이모로부터 어머님이 위독하다는 소식을 듣고 어머님의 막내아들을 보내 집으로 모셔 왔다. 그날 밤 안방에서 늦도록 제사에 관한 말을 자세히 하시고 건넌방으로 건너가 함께 오신 고모님에게 처음이자 마지막으로 "나는 시누를 딸처럼 생각하며 살았다."며 잘 살라는 말을 남기고 지병인 협심증으로 떠나 가셨다

나는 오늘 나만의 텃밭 겸 정원으로 갔다. 지난겨울 과일을 먹고 버린 껍질과 음식물찌꺼기를 화분에 묻어 두었다 봄에 그것들을 모두 뒤엎어 다시 모종과 씨앗을 뿌렸다. 여름내 식탁에 올라 가족들 건강에 일조를 한 그 텃밭에 가을걷이를 하기 위해서다. 우리 집 옥상에 있는 화분 몇 개가 내 텃밭이다. 그 맞은편에는 겨우내 들여놓았다 봄이면 다시 올라오는 화분들이 내 정원을 만들어 준다. 채송화, 봉숭아, 진달래, 장미, 자스민, 인동초, 선인장, 야래향, 난 등이 있고, 텃밭에는 고추, 상추,

쑥갓, 부추 등을 심는다. 금년에는 호박씨가 저절로 싹이나 자라서 애호박도 따 먹고 잘 익은 호박 두 덩이를 수확했다. 상추가 잘되면 이웃과 나눠먹기도 한다. 익은 고추는 잘 말려 항아리에 보관했다가 봄에 김치 담글 때 갈아서 쓰거나 매운탕을 끓일 때 갈아 넣으면 맛이 좋다. 지난해에도 그렇게 넣어 두었더니 벌레가 일지 않아 좋았다.

여름에는 정원 옆에 평상을 놓고 파라솔을 펼친다. 손자에게 비닐 풀장을 만들어 주니 장난을 치며 즐거워하는 모습을 그늘에서 보며 즐겼다. 또 잠자리, 벌, 나비, 풀잠자리, 무당벌레 등이 온다. 예전에는 비둘기 동네였지만 건물로 지은 지금은 비둘기가 떠나고 까치가 날아와 이쪽저쪽에서 짝을 부른다. 이른 아침 나가보면 상추와 게발선인장을 찍어 먹고 가기도 한다. 오후가 되면 하늘에 떠다니는 뭉게구름을 본다. 바람 따라가며 구름은 숲과 계곡, 바다, 호수, 동식물의 형체까지 만든다. 그 모습에 매료되어 저 하늘에 또 세상 하나가 있을지 모른다고 상상을 하기도 한다. 시골 언니가 오는 여름밤이면 동생과 우리 세 자매는 '야리향'을 맞으며 흘러간 노래를 부르고 하모니카 불며 행복한 시간을 보낸다. 막내아들이 밖에서 돌아와 내가 없으면 이곳으로 와 "엄마 여기 계세요? 엄마 좋아?" 그러다 합석을 하기도 하는 곳, 우리만이 가지고 있는 시간이며 즐거운 곳이기도 하다. 또 가을이면 고추를 옥상바닥에 널어 말리면서 시골의 풍요로운 정취를 느끼는 곳, 이곳에서 가을걷이도 하면서 어머님이 만들어 주신 짭짜름한 고춧잎 김치와 깻잎김치가 생각난다. 아직 단풍 들지 않은 고춧잎을 따 약간 절여 맛있는 젓갈에 갖은 양념을 만들어 버무려서 항아리에 담아 보내주시던 어머님 손맛을 잊을 수 없다. 나는 흉내라도 내 담아보련다. 생전에 잘 배워둘 것을 하는 아쉬움과 잘해 드리지 못한 후회로 뉘우치며 어머니께서 내게 주신 깊은 사랑을 시어미가 된 지금에야 조금 알 것 같아 마음이 저미어온다.

내 며느리가 예쁘다. 시어머니도 이러셨던가 보다. 젓갈 들어간 김치를 먹지 않는다고 별도로 담아주시던 어머니. 김치가 떨어졌다고 하면 내가 일어나기도 전 왕복 2~30분 걸리는 밭에까지 가서 배추를 뽑아다 며느리 손 아린다고 손수 버무려 아침상에 올려주시던 어머니가 그립다.

어느 날 장을 열고 걸려 있는 옷들을 보다 20년이 지난 검정 바바리를 며느리가 봤다. 내가 입기는 좀 작은 것 같아 아까워 버리지 못하고 두었던 건데 큰며느리가 보고 달라고 한다. 오래된 시어미 헌옷인데 괜찮으냐고 하니 좋다며. 그 바바리를 입고 외출을 한다. 그리고 "어머니 이제는 뭐든지 좋은 것만 쓰세요."

하며 속옷까지 사다준다. 어떤 사람들은 며느리가 아부하는 거라지만 그 말이 아부라도 좋다. 밉지 않다. 자기 옷을 두고 시어미의 20년도 더 지난 옷을 입고 좋아하는 아이가 고맙다. 옷 하나 사줘야겠다. 오늘따라 어머님 생각이 더 간절하다.

집 시

- 공생

남편이 혈관 조형수술을 받기 위해 밤부터 금식하고 아침 일찍 수술실로 갔다. 조형수술은 혈관이 막힌 곳을 넓혀주는 것이고, 관상동맥수술은 혈관을 다른 부위에서 찾아 막혀있는 혈액이 잘 통할 수 있게 길을 만들어 주는 수술인데 가슴을 완전히 열어 의사나 환자 모두 힘든 수술이다.

조형수술 결과에 따라 다음 수술이 언제가 될지 결정된다. 인턴은 수술에 대한 설명을 하면서 기도가 막힐지 모르니 입에 관을 넣고, 그도 안 되면 깊이 폐 가까이 넣을 수도 있으며 목에 구멍을 낼 수도 있다고 한다. 수술하는 동안은 손까지 묶어 둔다고 하니 무서운 공포가 가슴에 들어앉는다. 나는 떨고 아들들은 아직 도착하지 않아 시동생이 수술 동의서에 사인했다. 증상이 위급하지 않으면 조형수술하고 바로 병실로 온다고 해서 기다렸지만 소식이 없다. 늦게 도착해 초조하게 기다리던 아들과 시동생이 잠깐 자리를 비우고 혼자 있는데 수술실에서 빨리 오라고 한다. 남편은 한쪽에서 지혈을 시작하고 인턴들은 혈관이 많이 나빠져 바로 수술해야 한다며 살아 있는 것이 기적이란다.

오후 3시에 수술을 한다고 한다. 소요 시간은 5~6시간. 나는 손과 발이 떨리고 맥이 빠져나간다. 남편을 수술실로 보내며 가족과 마지막일지도 모르는 불안 속에 희망을 기대하며 나누는 대화의 시간이다. 남편은 모든 것은 운명이라 하고, 시동생과 아들들은 잘 받고 나오시라고 했다. 나는 '기다리겠으니 꼭 나를 찾아오라'면서 들여보낸다.

얼마 전 일이다. 꿈에서 깨어난 남편이 말했다.

"당신과 어디를 갔다 신을 잃어 버렸어. 그래서 남의 신을 신고 오려는데 당신도 없고 길을 잃고 헤매다 꿈을 깼어."

수술을 앞두고 그때 하던 말이 떠올라 "늘 당신 곁에 있으니 걱정 말고 꼭 찾아오라고, 와야 한다."고 당부하며 들여보내고 보호자대기실에서 기다린다. 밤이 되자 사람들은 전광판만 바라보고 앉아 기다리다 수술이 끝나고 중환자실로 가면 보호자는 하나 둘 빠져나간다. 늦은 밤까지 기다리고 있는 사람들은 의자에서 쪽잠을 잔다. 의자를 밀치고 바닥에 깔개를 깔고 누워 밤을 지새는 사람들, 그 속에 섞여 집시가 된다. 7시 30분에 수술이 끝난다는 문자 메시지다. 8시 면회시간에 가보니 아직 마취에 젖어 눈을 제대로 뜨지도 못하고 있지만 잘 견디어줘 반갑고 고마웠다. 손을 가만히 잡으며 수고했다고 했다.

이틀 후 아직 기다리고 있는 사람들과 인사를 나누며 기쁨을 감추고 집시신세에서 벗어나 병실로 올라왔다.

악몽에서 깨어나 강을 본다

환자들의 마음 같이
안개 자욱이 깔린 강을 바라보며
아침 해가 솟아오르듯
햇살이 비치기를 기다립니다

정오가 되었을 때
희미하게 어른거린 강물이 보입니다
운명의 신은
희비가 엇갈리는 이곳에서
소생이 불가능한 사람도 있는데
내게 희망과 즐거운 삶을 주시며

나태하지도 절망하지도 말 것이며
긍정적으로 살라고 하나봅니다

병실에 들어온 사람들은
생기가 돌며
원내 공원에 꽃들이 웃고
라일락향기가 폐부까지 스며듭니다.

꼬꼬의 우울증

한 해의 먹을거리를 준비하는 농촌은 가장 바쁜 때다. 텃밭에 심은 채소밭 풀도 매고, 넓은 채송화꽃밭 풀도 뽑으며 하루가 어떻게 가는지 모른다. 밭을 매다 보면 누구든 오는 손님의 손도 빌리게 된다.

오늘도 집에 온 동생과 꽃밭 풀을 뽑고 있는데 동네 아주머니가 오더니 "닭 잡을 수 있어요?" 하고 묻는다. 아주머니는 자칭 왕년에 '장돌뱅이'로 5남매를 가르쳤다고 한다. 지금도 '닭과 개집'을 나란히 지어놓고 길러 팔기도 한다. 동생이 펄쩍 뛰며 못한다고 한다. "집에 있는 닭을 주려고 했더니…." 하다가 "깨 심었어요?" 한다. 모종을 했다고 하니 모종보다 씨를 뿌리는 것이 좋다고 하면서 씨를 주겠다고 한다. 시골 인심은 서로 씨앗을 주고받고 한다. 남편에게 아주머니가 말 한 '닭' 이야기를 했다. 관상동맥수술을 받고 퇴원해서 회복 중에 있는 남편이 자기가 할 수 있다고 가져오라고 한다.

남편이 물을 끓이라고 했다. 한참 후 아주머니를 따라 갔던 동생이 닭을 들고 왔다. 남편이 가져온 닭을 들어보더니 너무 가엾다며 잡을 수 없다고 한다.

밖으로 나가 보았다. 눈을 껌벅거리며 웅크리고 앉아 남편이 하는 말을 듣고 있는 것 같은 암탉. 비닐하우스 안에 집도 없이 내려놓으며 잘 자라고 했다. 이번에도 알았다는 듯 웅크리고 앉아 우리를 바라본다.

아침에 가보니 어제 저녁 그 자리에 앉아 눈망울만 깜박거리며 바라보는 것이 아파 보인다. 측은한 마음은 들지만 서울에 갈 일이 있어 어찌할 수 없다. 며칠 후 서울에서 돌아왔더니 동생이 약을 먹였단다. 며칠 전과 다르게 생기가 있어 보인다. 살지도 모른다는 생각에 마음이 들떠 웅크리고 있는 닭에게 말을 걸었다.

"그래 우리와 잘 살아보자. 이제 너도 우리 가족이다."

하루에 몇 번씩 잘 있는지 오며가며 확인을 했다. 몇 발짝 옮겼다가도 처음 앉았던 그 자리로 되돌아와 밤을 새는 꼬꼬. 자리를 바꿔 불안해서인지 모른다는 생각이 들어 그대로 두고 보기로 했다.

이것저것 먹이를 코앞에 주며 구구구 하고 말을 걸면, 대답이라도 하듯 꾸룩꾸룩 하면서 눈만 껌벅이며 바라볼 뿐 먹으려 들지 않는다.

"어디가 아프다든지, 외롭다든지, 알 수 있게 말을 해야지 도무지 네 말을 알아들을 수 없다."

먹지는 않고 묽은 똥을 싸는 것을 지켜볼 뿐이다. 어쩌면 배가 아파 배 속을 깨끗이 씻어내는 중이라 그랬는지 모르겠다. 바삐 돌아다니며 풀을 뽑고 저녁이 되어 꼬꼬를 찾았다. 나무 밑 이곳저곳, 낮에 수돗가 나무 아래 있더니 어디로 갔느냐고 찾으니 마루 밑에 웅크리고 앉아 있다. 하우스 안으로 데려다놓았다. 오늘도 처음 앉았던 그 자리에 가 앉는다.

"꼬꼬야 잘 잤니?"

다음 날도 그 자리에 앉아 있는 꼬꼬에게 아침인사를 하고 일을 시작했다. 며칠 전 우리 집에 온 꼬꼬. 아프지만 그가 하는 행동들이 관심거리요 화제가 된다. 속이 타는지 아침부터 물만 먹더니 점심때는 어디로 가고 없다. 마루 밑을 보니 또 어두컴컴한 곳으로 더 깊이 들어가 웅크리고 있다. 저러다 죽으면 어쩌나 안타까워 막대와 갈퀴를 이용해 겨우 끌어냈다. 내게 보낸 주인아주머니는 그를 밖으로 쫓아버리라고 하지만 가여워 그럴 수 없다. 그날 저녁 무렵 결국 마루 밑에서 숨을 거두는 꼬꼬의 임종을 지켜봤다. 짐승이지만 가슴이 아프다. 그는 함께 살던 가족이 그립고 외로워 병이 났다고 도와달라고 내게 말했는지도 모른다. 그러나 그 말을 알아들을 수 없었던 나다.

그는 여러 형제 살다 모두 팔려 가고 네 마리 남았을 때다. 동서가 집에 오더니 마을에서 암탉을 살 수 있는지 물었다. 친정에다 수탉 한 마리와 암탉 두 마리를 기르고 있는데 수탉이 암탉을 가만 두지 않아 옷이 찢기고 머리가 다 빠져 죽을 것 같으니 암탉을 더 넣어줘야겠다고 했다. 해서 아주머니 댁에 있는 네 마리 중에서 세 마리를 사가고 한 마리가 남게 된 것이었다.

동서네로 간 그들은 주인의 배려로 잘 있는데, 홀로 남은 꼬꼬는 외로움에 사무쳐 떨며 웅크리고 앉아 애타게 가족을 부르다 병들었는지 모른다. 주인아주머니 말로는 새끼를 품은 암탉처럼 앉아서 구구구 새끼 부르는 소리만 하고 엊그제까지 알을 낳았다면서 내게 보냈었다. 어쩌면 가족을 따라 가고 싶어 우울증을 앓은 몸으로 우리 집에 와 마지막 인연을 맺고 떠나갔는지 모르겠다. 그 꼬꼬에게 짝을 데려다 주었으면 그렇게 가지 않았을지. 데려오지나 말 것을. 자꾸만 미안한 생각이 밤잠을 이룰 수 없게 한다.

특별한 손님

추석 명절이다. 우리 집은 큰집이어서 시동생들은 가족을 데리고 우리가 있는 천안으로 왔다. 따로 살고 있는 큰며느리가 아침 일찍부터 와서 맏며느리 역할을 하느라고 바쁘고, 작은며느리는 서울에서 오느라 점심때가 되어 도착했다. 요즈음 들리는 말에 의하면 젊은이들은 명절이면 명절증후군이 생긴다고 한다. 그래서 추석 때면 가족이 모여 즐겁게 만들던 송편을 떠올리지만 할까 말까 망설인다.

그런데 신갈에 사는 동생이 쑥을 넣고 예쁘게 빚은 송편을 제사상에 올리라고 가져다주고 간다. 고맙다. 내가 만들지는 않았지만 가족들과 송편 맛은 보게 되었다.

서울 사는 동서들도 조카들을 데리고 오후 늦게 왔다. 저녁을 먹고 교회에 다니는 시동생은 아침 차례에는 참석 못한다며 조카와 손녀를 데리고 간다. 그도 며느리와 사위들이 있어서다. 명절 때마다 당연한 일로 생각하고 웃으며 차례를 준비하는 며느리와 어려운 일이 있을 때마다 도와주는 동생이 고맙고 미안했다.

추석 날 아침. 차례를 마치고 모두 둘러앉아 있는데 밖에 나갔던 막냇동서가 현관을 들어서려다 놀라 눈을 크게 뜨고 "형님 이게 도마뱀 아니에요?" 한다.

남편과 아들이 도마뱀은 이가 약해서 사람을 물지 않는다고 대수롭지 않게 말하며 현관 쪽으로 갔다. 아이들은 신기해서 환호성을 지르고 여자들은 안으로 들어올까 두려워하며 소리치며 떨었다. 어제 아이들이 현관문을 열어 놓고 다니더니 언제부터 와 있는지 알 수 없다. 늘 조용하던 집에 갑자기 사람들이 벅적거리고 맛있는 냄새가 나 궁금했을까. 아니면 명절을 어떻게 지내는지 호기심 많고 모험을 좋아한 놈인지 모르겠다. 그 녀석도 가족이 되어 추석을 함께 보내고 싶었는지. 가슴만 팔딱이는 놈의 마음을 알 수 없다.

자연과 더불어 살고 있으면서도 뱀이라는 단어가 붙으면 몸이 오싹해진다. 당돌한 기백은 마음에 들지만 도둑처럼 소리 없이 들어와 놀라게 한 괘씸한 놈이라고 빨리 쫓아내라고 소리쳤다. 사람에게 이로움을 줄지언정 해를 끼치지 않는다는데 그놈을 보면 나도 모르게 걸음이 멈춰진다. 난 물렁거리는 것에 대한 거부감이 있다.

그런데 남편이 '필리핀'에 있을 때의 도마뱀 이야기를 한다. 손으로 크기를 말하며 그때는 이렇게 큰놈이 방으로 들어와 있는데 내가 놀라기 때문에 아무 말도 하지 않고 몰래 밖으로 보냈다고.

그곳에 있을 때다. 집에 다니는 선생 집에 놀러가 하룻밤 지낸 적이 있었다. 그곳은 넓은 마당에 꽃과 커다란 '짜푸르트' 나무와 망고나무에 열매가 주렁주렁 열려 손에 닿았다. 나는 꽃들에 시선은 빼앗기고 손자는 나무에 열린 망고를 만졌다. 그녀의 할머니가 마음에 드는 화분이 있으면 선물하겠다고 했지만 가꿀 수 없어 사양했다. 그늘 아래 앉아 놀고 있는 가족들을 보며 지상낙원 같다는 생각이 들었다. 그 집은 중상류층에 속하는 사람들이었다.

그러나 방 창문에 두껍게 친 창살과 주먹만한 자물통이 채워져 있어 밤이면 무서운 일이 있을 것 같다는 공포가 떠올랐다. 나무가 많고 습해 돈벌레라든지 작은 벌레들이 많고 거미줄도 도마뱀 새끼들도 처마 밑에 덕지덕지 붙어 있는가 하면, 심지어 방안까지 들어와 기어 다니는 도마뱀들. 침대 아래는 개미가 줄

지어 행렬하지만 그들은 아무렇지 않게 함께 생활했다.

그날 밤 나는 잠을 한숨도 이루지 못했다. 다음날 그들은 우리를 데리고 어디인지 알 수 없는 별장이라는 곳으로 갔는데 어마어마하게 큰 곳이었다. 관리인은 우리가 한국 사람이라는 것을 알고 동원참치 가방 하나를 들고 와 어느 신혼부부가 주고 갔다고 보물이나 되는 것처럼 자랑했다.

그곳에도 파충류가 많았다. 내가 파충류를 싫어하는지 말할 것 같으면, 어느 날 자는데 얼굴에 뭐가 기어가는 것 같은 느낌에 놀라 잠에서 깨어 불을 켜고 보니 노래기였다 너무 징그러워 밤이나 낮이나 노래기 노이로제에 걸릴 정도여서 이사를 했었다.

추석 명절이라고 북적이던 친척과 아들 손자들이 다 가고 일상으로 돌아오니 조용하다. 그런데 밤에 화장실 문을 열고 들어가려는데 파란 청개구리가 놀라 쳐다본다. 들어가려다 말고 남편을 불렀다, 청개구리가 들어 왔다고. 낮에 쩌렁쩌렁 한 목소리를 울리더니 어느 틈을 타 들어 왔는지 모르는 불청객을 남편이 집어 밖으로 보냈다. 또 언제 방문을 할지 모르는 불청객들이지만 때로는 특별한 손님처럼 반갑기도 하다. 나도 이제 차츰 자연인이 되어가나 보다.

3.

여자들의 수다

열 번의 보호자 되어

운명이라는 게 무엇인지 참 많이 생각하게 한다. 한 사람의 남편과 아내가 되어 고희를 넘기기까지 생사를 넘나들며 살아야 하는 삶은 늘 순탄하지만은 않다. 남편은 20대부터 탈장으로 불편을 느끼면서 몸에 칼을 대기 시작하더니 요즈음 많이들 하는 치질수술에서부터 가슴을 열고 다리에서 허벅지까지 대수술을 받으며 크고 작은 흉터는 삶의 흔적으로 남았다. 부모로부터 물려받은 단점 협심증, 약과 운동만으로 되지 않았고 시간이 흐르면서 이렇게 끔찍한 수술을 다른 사람은 한 번도 하지 않는데 남편은 그 무서운 지옥의 길을 두 번이나 다녀왔다. 그것도 부족했는지 자꾸만 또 다시 막히는 혈관, 그것들은 지금까지도 이어지더니 밤새도록 숨쉬기를 힘들어 했다. 여름이라 더위 때문이라고 생각했는데 너무 심각해져갔다. 이틀 후 병원예약이 되어 있지만 기다릴 수 없어 날이 밝기를 기다렸다. 주치의와 통화를 하니 빨리 오라고 한다. 자식들에게 알리지 못하게 하고 남편이 손수 운전하며 병원에 갔다. 나는 옆자리에서 자식들이 알면 걱정한다고 고집부리며 운전하는 남편의 표정을 숨죽이고 살피면서 무사히 병원에 도착할 수 있게 해달라고 마음속으로 기원했고, 남편은 무사히 도착했다.

주치의가 검사 준비를 해줘 바로 검사에 들어갔다. 남편의 폐에 물이 차 있어 빨리 물을 빼내야 한다고 한다. 의사의 말을 들으며 나는 옛날처럼 등에서 주사기로 물을 뽑아내는 줄 알고 가슴이 내려앉으며 겁이 났다. 입원실은 특실뿐이란다. 급히 입원실을 정하고 치료에 들어간다. 침대에 누운 남편에게 링거를 꽂고 그 속에 이뇨제를 넣었다. 그러자 30분 만에 배 안에 있던 물이 소변으로 나오면서 눕지도 못하고 날을 밝히던 남편은 숨이 편해졌다. 나는 그때서야 마음이 안정되었다. 치료하는 과정을 보면서 의술 발전의 변화에 많은 감동을 받았다.

이유는 4개월 전 대수술을 하고 몸에 살이 많이 쪘으며, 혈관 한 곳에 스텐트한 곳이 막히면서 더위와 함께 찾아온 증상이라고 한다.

다시 막혀 버린 혈관은 또 뚫을 수 없고, 감기에 조심하고,

다시 3~4개월 후 혈관을 찾아 풍선 요법으로 치료를 해보자며 그때 오란다. 진료를 마치고 퇴원해 집으로 돌아와 감사하는 마음으로 한숨을 돌리니 전신에 긴장감이 풀린다.

수차례의 입원과 퇴원을 반복하지만 매번 적응되지 못하고 초조와 불안은 더 깊어만 간다. 그때마다 나뭇가지 사이로 비추는 그 실낱같은 햇살일지라도 가슴에 닿아 위로가 되어 주기를 바란다.

까마귀식혜

요즈음은 약초라고 주위에 있는 풀을 뽑아 설탕에 절이고 소주에 담가 둔다는 사람, 또는 말려서 차로 끓여 마신다는 사람들이 많다. 동서도 그런 말을 해 어떻게 그처럼 잘 아느냐고 물어 봤더니 TV천기누설 프로를 본다고 한다. 그런 프로가 있는 것도 몰랐던 나는 호기심이 생겼지만 보지 않았는데 어느 날 남편이 그곳으로 채널을 돌렸다. 현대의학으로 못 고쳤다는 만성피부질환을 고쳤다는 사람들이 많다. 그렇다. 의학이 발달했다고 하지만 사람마다 가지고 있는 체질도 병의 종류도 다르니 의학계는 앞으로 많은 연구를 계속할 것이다.

내려오는 단방약이라는 것은 재료를 구하는데 어려운 것도 있지만 대개는 시골 집주위에서 구하기 쉽고, 또 방법도 끓이거나 소주에 담그거나 설탕에 절여 효소로 복용하면 된다. 가족 중에 지병을 가지고 있는 사람들은 솔깃하게 들릴 만하다. 많은 사람들이 효소를 만든다고 하는데 궁금하다. 그 효소라는 것이 설탕에 버무려 옹기 항아리에 담고 그 위에 재료가 보이지 않도록 설탕을 부은 다음 뚜껑을 덮어 6개월~1년 정도 두었다 사용한다는데 마치 설탕 장아찌를 만드는 것 같다. 그것을 효소라고 할 수 있는 것일까. 어느 방송사에서 그것은 효소가 아니며 저장용이라고 말하는 것이 옳다고 한다. 설탕을 녹여서 먹는 것이니 그 말이 옳은 것 같고 당뇨가 있는 사람에게는 적합한 방법이 아닌 것 같다는 내 생각이다.

근래 들어 많은 사람들이 '쇠비름 풀'을 설탕에 절여 6개월~1년을 두었다 차로 마신다고 하고, '비단 풀'은 말려 차로 마시거나 설탕에 절여 두었다 마신다고 하기도 하는데 이외에 여러 풀들을 이와 같은 방법으로 소주나 설탕에 절여 사용하면 약이 된다고 하니 약 아닌 풀이 없고 주위에 모든 풀이 약초다. 그러고 보니 예전에 들었던 우슬초가 관절에 좋다고 가는 곳마다 이야기를 한다. 그 우슬초 생김새가 마디마다 소의 무릎 같다고 하여 붙여진 이름이라고 하는데 그것을 달여 식혜를 만들어 먹거나, 달인 물을 음료수처럼 마시면 관절에 좋다고 한다. 요즈음 걷는데 무릎이 좋지 않은 터라 먹어볼까 했다. 만드는데 어려움이 없을 것 같아서다.

남편과 동생이 반나절을 헤매어 한 아름 구해 안고 왔다. 옷에는 깨알 같은 열매가 자석처럼 붙어있다. 그것을 가마솥에 가득 넣고 하루를 달여 줄기를 건져냈다. 물의 색이 검푸르다. 남편은 식혜를 만들기 전에 맛을 봐야 한다며 맛을 보더니 냄새는 고구마 냄새가 나고 맛도 거부감이 없으니 괜찮을 것 같다고 한다. 식혜를 만들었다. 까만 식혜가 되었다. 남편과 동생에게 먹어보라고 했더니 동생이 '까마귀식혜'라고만 하지 맛은 보려고 하지 않는다. 나는 식혜가 검으면 어떠랴! 병이 나으면 그만이지 하면서 먹기 시작했다. 얼마나 오랫동안 먹어야 할지 모르겠지만 가족의 사랑이 헛되지 않기를 바란다.

여자들의 수다

'인대가 늘어져 염증이 생겼다'는 의사의 진단을 받고 물리치료를 하며 약을 먹고 한의원에서 침도 맞지만 여전히 걷는 것이 괴롭다. 그러다보니 따뜻한 곳이 좋아 목욕탕에 가면 온탕에 들어가고 사우나실에도 자주 들어간다. 그곳은 마치 여자들의 사랑방처럼 수다가 빠질 수 없다. 옛날 빨래터는 추운 겨울이면 손을 호호불면서 밤새 일어난 크고 작은 일, 경사스런 일을 이야기하며 여자들이 스트레스를 푸는 곳이었는데 지금은 빨래터가 사라지고 여자들의 생활이 편리해져 수다의 장소도 바뀌었다.

내가 사우나실에 들어갔을 때 나이가 좀 들어 보이는 아주머니가 남편이 물을 마시려다 냄새가 난다고 들기름을 버린 실수를 이야기한다. "여자들 같으면 버리지 않고 한쪽에 두지 버리겠어요?" 하면서, 생각이 짧은 남편이라고 흉을 본다. 요즈음 들깨에 오메가3가 들어있어 몸에 좋다고 알려지면서 인기가 좋아 금값이다. 그런데 그 들기름을 한 컵이나 버렸다니 딸에게 주려다 주지도 못하고, 아깝지 않을 수 있겠는가. 자식들에게 주고 싶었던 마음은 화가 날 만도 해 이해가 되었다. 남자들은 생각이 없나보다며 흉을 보나 싶더니 다음날 회사에 가서 미안하단 문자를 보냈다고 애교로 봐줘야지 않겠느냐며 변덕스런 여자 마음을 드러낸다.

그러자 다른 엄마가 또 시작한다. 외손녀를 보다 드라마 '기황후'를 보려고 부지런히 와서 자리에 막 앉으려는데, 남편이 "먹을 것 없어?" 하는데 화가 나 "아니 냉장고에 먹을 과일까지 다 씻어 넣어두었는데 냉장고 열고 그것 좀 갔다 먹으면 안 돼?" 하니 "딸집에 애 보러가지 마."라고 하더란다. 딸이 용돈 주고, 무슨 날이면 밥 사줄 때는 좋아하면서. 평소 딸과 사위가 교대로 일찍 오는데 그날은 늦어서 일찍 퇴근한 남편에게 차로 데리러 오라고 하려다 피곤할 것 같아 그만 두었다면서 생각해 주는 것도 모르고, 집에 있으면서 그것 좀 보려는데 마음을 몰라준다고 화를 냈단다. 다음날 회사에서 남편이 '그때는 내가 좀 급한 성격이라 그래서 미안했는데 자존심 때문에 차마 말로 못했다'고 문자를 보냈다 한다. 나는 여자들의 수다를 들으며 남자가 고개 숙이고 살아야만 하는지 생각을 하게 했다.

"아줌마가 먼저 냉장고에 뭐 있는 것 좀 먹었느냐고 묻지 그랬어요?"

"나는 원래 젊어서부터 애교가 없어서 그런 말은 못해요."

오히려 너무 당당하다. 일찍 퇴근해 혼자 밥 먹고 외로워하는 심정은 헤아려 주지 않고 마치 남편이 큰 잘못이라도 하는 것처럼 너무 의기양양해 보이는 것 같아 '나는 지금 어느 시대 살고 있는가' 하는 생각이 들었다. 아무리 여성상위시대라고 하지만 남편이 있는 곳이 자기 집이고 또 남편 곁이 자기가 있어야 할 곳 아닌가. 집을 비우고 밖에서 늦게 온 사람은 엄연히 따지면 여자인데 더 당당하다고 생각하니 딸 없이 아들만 있는 나는 왠지 마음이 착잡했다.

예전에 가장으로써 당당하던 남자의 모습은 어디로 갔는지. 자식을 짝지어 보내고서도 완벽하게 보내지 못하고 그저 자식 걱정 뿐인 것이 부모 마음이지만 남편 앞에서 죽겠다고 앓아도 자식이 부탁하면 들어줘야만 하는 현대식 엄마가 가엾다.

금년 세금은 끝났다

터를 빌렸다. 세는 얼만지 모른다.

고구마를 심었더니 비가 오지 않아 마르고 타 죽는다. 물을 줘 보지만 겉흙만 젖을 뿐 뿌리까지는 미치지 못해 말라 죽고 그중에 강한 것만 살아남는다. 몇 번이고 다시 심기를 하고 겨우 줄기가 밭두렁을 덮나 싶은데 무엇이 세금을 챙겨간다. 그것도 늦은 밤 살금살금 와서 자리도 못 잡은 것들에게 세금을 환수해 간다.

간식거리로 영양 좋다는 땅콩을 심었더니 까치가 시찰을 나왔는지 콕콕 찍어보며 확인을 하고 가끔씩 날아와 자라는 것을 지켜본다. 땅콩이 견고한 집을 짓고 여물기 시작하기까지. 땅콩이 언제 여물었는지 나도 모르는 것을 까치가 먼저 알고 세금을 걷어가기 시작한다. 바로 내려앉지도 않고 멀찍이서 살금살금 걸어 온 까치가 땅콩 밭으로 오더니 두리번거리다 덩굴 밑으로 숨어들어 땅속에 있는 땅콩으로 배를 채우고 집으로 가져간다. 그 작은 머리 어디에 그런 지혜가 있는지 감탄하게 한 까치. 누가 영특하지 못한 사람에게 '새대가리'라 했는지. 드디어 수확을 하려고 파보니 집을 꼭 채우고 들어 앉아 있는 귀여운 쌍둥이땅콩. 생각보다 수확량이 좋다

서리가 내려야 여물기 시작한다고 해서 붙여진 이름을 가진 '서리태'. 시기를 놓치면 늦는다고 남들 따라 심어 놓고 싹이 올라오나 하고 들여다보며 일주일쯤 되어서다. 귀여운 두 떡잎이 올라온다. 세 잎이 되어 겨우 나풀대는데 또 뜯어 먹었다. 화가 나지만 이 어린 것들을 먹는 것을 보니 배가 많이 고팠던가보다. 세금을 받을 만큼 받아가고 내 몫은 남겨 주겠지 하면서 어서 콩이 자라기만 기다렸다. 하지만 꽃이 필 때까지 싹을 뜯어 먹기를 반복한다. 부추 밭에서는 사랑을 했는지 부추가 누워 있다. 이렇게 극성스럽게 세금을 걷으러 다니는 통에 다른 집들은 둘레에 망을 치고 울타리를 하지만 그대로 둔 우리 밭은 콩과 팥이 자랄 사이도 없이 뜯어 먹는 고라니, 지난겨울에는 보리와 시금치를 다 먹어치우더니 금년 겨울은 어떨는지….

들깨도 마찬가지다.

동네 아주머니가 들깨를 심으라면서 이른 들깨라고 모종을

준 것이다. 깻잎 모종은 띄엄띄엄 심어야 하는데 촘촘히 심었더니 남편도 아줌마도 보고 웃는다. 다시 뽑아 띄워 심었는데도 초보 농사꾼이라 촘촘히 심어져 내 키보다 크게 자라 중간을 짧게 쳐줘야 한다고 한다. 아쉽지만 쳤다. 비료와 농약을 사용하지 않은 깻잎은 한 장으로 얼굴을 가리고도 남을 만큼 커서 나누어 먹을 수 있어 좋았다. 옆집 깨는 여물어 가는데 우리 깨는 중간을 꺾어 주었는데도 꽃이 피지 않고 키만 무성하게 자라고 있다. 아줌마가 보고 가로등 때문이라고 불을 꺼야한단다. 옆집 사람들에게 양해를 구하고 불을 끄고 기다렸다. 식물도 밤과 낮이 있어 잠을 자야 하는 것을 배웠다.

늦게나마 꽃이 피었다 지고 여물기 시작하는가 싶더니 이번에는 참새 떼가 세금을 받겠다고 날이 새기가 바쁘게 날아와 여물지도 않은 깨를 꼭꼭 쪼며 챙겨가는 통에 까맣게 쭉정이가 된다. 내가 그들의 터전을 빼앗았으니 나눠 먹어야 한다는 생각에 미워할 수 없다. 이젠 내 차례 깨를 털었다. 한 말쯤 나왔다. 동네 분의 마음과 자연의 덕으로 덤이 생긴 셈이다. 초보 농사꾼은 오늘도 배운다. 자연과 나누며 살아가는 것을. 새들이 해충을 먹으며 돕기도 하고 화단으로 테라스로 날아와 앉기도 하며 고개를 갸우뚱거리며 이야기도, 노래도 불러주는 것을 볼 수 있는, 자연과 살아가는 맛을 배우고 또 배운다.

콩밭에서

콩을 뽑기 시작했다. 누렇게 물든 콩잎 위에 작은 집 한 채 앉아 있다. 누구의 집인지 몰라 작은 구멍으로 안을 들여다보았지만 아무도 없는 빈 집이다. 어떤 새가 이렇게 풀잎으로 집을 지었다가 새끼들을 데리고 더 큰 집으로 이사 했나보다 생각하고 던져버렸다. 그리고 다시 콩대를 뽑으려고 아래를 보니 은빛의 작은 목련 꽃봉오리 하나가 반짝인다. '웬 목련이 여기에…' 아직 여물지도 않았는데 하면서 손가락으로 집었다. 엄지와 검지로 만지니 물컹물컹 순간 깜짝 놀라 나도 모르게 손을 털었다. 손을 털고 자세히 보니 내 발부리에 하나가 아닌 네 마리. 땅에 떨어지자마자 그들은 본능적으로 내 곁에서 탈출하기 바쁘다. 눈도 뜨지 않은 녀석들이 네 발로 기는 꼴이 우습고 귀였다. 한걸음도 못되는 곳의 콩잎 속으로 얼굴을 감추었지만 꼬리는 내 시야를 벗어나지 못했다. '겨우 그곳 밖에 못가는 놈들이' 하면서 마늘 밭에 비료 뿌리고 있는 남편이 빨리 와 잡아주기를 바라면서 "여보, 여기 쥐새끼 쪼그마한 것들이 도망가다 숨었어요." 하고 불렀다. 남편은 놔두라고 한다. 벌레만 봐도 남편을 부르는 나는 그들이 빨리 어디론가 가기를 바라면서 다른 곳으로 가서 콩을 뽑기 시작했다.

어미는 어디로 갔을까. 저 어린것들을 두고. 만지며 물컹한 느낌에 놀라 손을 털었지만 자세히 보니 정말 귀엽게 생긴 놈들이었다. 어쩌면 어미는 인기척에 놀라 서둘러 이사를 하는 중이거나 숨어서 가슴을 태우며 상황을 주시하고 있었을지도 모른다. 또 도망치는 새끼들을 보며 더 빨리빨리를 외치며 대견하다고 생각하면서 주인이 사라지기를 기도했을지 모르겠다. 남편이 콩밭으로 왔다. "저기 콩잎 밑으로 숨었어요." 겨우 명주실 같은 옷만 입은 작은 놈들이었다고 했다. "잡지 그랬어." 하면서 웃는다. 사실은 새끼였기에 남편도 나도 죽일 수 없었다. 만일 그들의 귀여운 자식을 헤쳤다면 마음이 좋지 않았을 것 같다. 사람들이 가꿔놓은 농작물을 훔쳐 먹고 살며 우리와 말이 통하지 않지만 들짐승도 어미 심정은 사람과 다를 것이 없을 것이라고 생각하니 조금 덜먹을지라도 남편 말대로 살려준 것이 잘

한 것 같다.

풀잎으로 둥글게 말아 새집처럼 잘도 배워 집을 지었으니 대물림 가르쳐준 조상 이름 '생쥐'. 누가 지었는지 그 이름 한 번 잘 지었다. 그렇게 생긴 집은 새가 아니라 서생원 집이라는 것을 오늘 알고 보니 우리 밭에는 살기 좋은 곳인가 보다. 금년 가을 그들의 집 세 채를 보았고 두더지는 온 밭을 다 들쑤시고 다니니 농작물이 힘들게 자란다.

'내년에는 가족을 조금만 늘려주시지요. 주인님들.'

고구마 캐던 날

어느새 무덥던 여름이 가고 가을이 왔다. 가을이면 온 들이 추수로 바쁘지만 우리는 논 작물은 없어 눈으로 아름다움을 즐기고 배부름을 느낀다.

텃밭에 고구마를 심었더니 아들들이 아이들을 데리고 와 캔다. 고구마가 적당한 크기로 알을 예쁘게 잘 안았다. 옛날 보릿고개 시절 고구마는 가난한 우리에게는 배고픔을 달래주는 끼니가 되기도 하고 어린아이들에게는 간식이 되었던 영양 많은 작물이다. 그때는 삶아서 크다고 생각되면 세 개, 작으면 다섯 개씩 꼬챙이에 꿰어 길에서 팔았다. 엄마는 장날이면 언제나 그 고구마를 사가지고와 우리 형제들에게 나누어 주셨다. 길에 차가 지나갈 때면 보자기로 덮었지만 먼지가 묻었을 고구마는 우리에게 꿀맛이었다. 그 맛을 지금도 잊을 수 없다.

또 두메산골에서는 가마니에 담아 소달구지에 가득 싣고 쌀과 바꿔가려고 논농사가 많은 곳으로 오면 사람들은 모두 기다렸다가 바꾸어 겨울간식을 했고, 그럴 형편이 못되는 집은 장날을 기다렸다 시장에 가 사왔던 배고픔의 시절이었다. 지금은 호박고구마, 금고구마, 밤고구마 이름도 많지만 그때는 밤고구마 물고구마로 통했다. 밤고구마는 단단하고 삶으면 속이 하얀 밤처럼 푸근푸근하고 단맛이 나지만 목이 퍽퍽하고, 물고구마는 삶으면 물렁해서 물고구마라 했다.

지금은 다른 과일 맛에 길들여 좋아하지 않는 사람도 있지만 다이어트에 좋다고 선호하는 사람 또한 많다고 한다. 그런 고구마를 캐면서 손자들은 개구리가 땅속에서 펄쩍 뛰어나오기라도 하면 깜짝 놀라면서도 좋아 소리치며 따라 다닌다. 그러다 호미로 씩씩거리며 고구마를 캐다가 모양에 따라 뭐 같다는 이야기를 하면서 좋아하는 손자들, 고구마 밭은 손자들 소리로 활기가 넘친다.

유치원 다니던 막내 손자가 한참을 말없이 끙끙거리더니 고구마를 들고 서서 이거보라며 소리친다. 그도 그럴 것이 빨갛고 잘생긴 고구마 여러 개가 한 뿌리에 대롱대롱 달려있다. 모두 돌아보며 그래 예쁘다하고 희수가 장하다고 한마디씩 칭찬을 했다. 제 눈에도 고구마가 신기한 모양이다. 내 눈에는 갸름한 것이 튼튼한 황소의 그것처럼 보인다. 왜 황소가 생각났는지 나도 모르겠다. 그것을 보면서 튼튼하고 잘생긴 손자들 같아 잠깐 동안 팔불출이 된다.

한 뿌리에서 달려 나오는 것이 마치 의좋은 형제 같다. 씨 고구마를 하자고 별도로 한쪽에 두고 다시 일을 시작한다. 한참을 하다 제 형들은 싫증을 내건만 꼴찌 손자는 바쁘다. 달콤한 호박고구마 맛처럼 귀여운 짓은 혼자 다하려는 것처럼 따라 다니는 손자.

일찍 작업을 마치고 아들과 손자는 메뚜기를 잡는다고 논두렁을 걷는다. 옛날 내가 아들과 그랬던 것처럼. 나는 잠시 생각해본다. 빈병을 들고 가거나 강아지풀에 메뚜기 뒷목을 꿰어 다니다 보면 어느 결에 몸통은 떨어져나가고 머리만 남아있던 메뚜기들을 보며 허탈해하던 그 시절. 지금 아들은 제 아들과 '페트병'을 들고 다닌다.

더 바랄 것 없는 오늘의 즐거운 이 행복. 아들과 손자에게 어려웠던 시절 꿀맛 같은 고구마처럼 먼 훗날 좋은 추억으로 남아 있다면 좋겠다.

뒤돌아본 당신과 나의 삶

가을 하늘은 맑고 아름답습니다. 사연이 없는 것들이 뭣이 있을까마는 가을빛은 아픔의 깊이가 클수록 시간을 보내면서 곱게 물들어 간다고 합니다. 사연이 많을수록 그 빛깔이 더 아름답다고 합니다. 그래서 아름다운 가을빛을 부러워 해봅니다.

시세 말하는 물질적이 아닌 불같은 사랑을 하며 그와 떨어져 그리워하던 기나긴 시간도, 철없던 시절 친정 부모님 속을 태워주기도 했지만, 시부모로부터는 사랑도 받았습니다. 남편의 사업 실패로 방 한 칸이 없어 어린 자식들과 헤어지는 아픔도 있었습니다. 오색 불빛이 밝혀지는 처마 밑에 쪼그려 앉아보기도 했으며, 떼어 놓을 수도 없는 어린 두 아이를 등에 업고 밤길도 걸어봤습니다.

그리고 고생 끝에 다시 일어서 가지에 푸른 잎이 춤추듯 즐거운 날이 왔건만 그건 오래 가지 못하더이다. 가슴에 지울 수 없는 무덤이 내 가슴에 생길 줄은 꿈에도 생각 못했으니까요.

어느 날 저녁 먹고 오겠다고 전화하던 내 아이, 나를 가장 많이 닮아 놀기 좋아하고 감성이 풍부한 그 녀석은 아직도 저녁을 덜 먹었나 봅니다. 전화 목소리만 기억에 남겨둔 채로 영 돌아오지 않습니다.

고목에 꽃이 피듯, 간간이 봄바람이 불 듯 숨을 쉬게 하던 귀여운 손자들. 소년을 벗어나 대학이라는 문에 발을 들여 놓으려 기다리고 있습니다. 재롱을 피우던 손자들이 어느새 내 키보다 더 자랐습니다. 건강하고 바른 아이로 자라길 바라며, 공부는 잘하면 그건 덤으로 얻는 행복이라고 생각하렵니다. 가을들에 바둑알을 펼쳐 놓은 듯 하얗게 굴러 있는 볏짚덩이를 보면서, 먼저 선택되어 간 볏짚덩이가 있고 또 다른 선택을 기다리는, 아니 승리를 기다리고 있습니다.

오랫동안 성치 못한 몸으로 가슴 앓으며 나를 가장 아끼고 가까운 친구이자 동반자 내 남편. 우린 이제 가을 단풍처럼 겨울을 바라보는 나무가 되어 산전수전 다 겪었으니 아름다운 가을빛을 남길 수 있을는지요.

남들은 잘 익어가고 있는 노년의 부부라고 부러워하지만 뒤

돌아본 당신과 나의 삶은 우리의 후세가 평가할 것이며 앞으로 겨울이 다가오고 있는 이 시기를 어떻게 지내면 좋을지 많은 생각을 하게 합니다.

손자의 글

구정이 다가와 큰아들 집에 갔다. 이것저것 과일을 내놓던 며느리가 숙제를 하고 학원에 간다는 큰손자를 도와주고, 작은손자는 학원에 가고 없다. 손자는 모두 넷인데 작은아들네 둘, 큰아들네 둘이다. 작은아들이 낳은 손자는 고 3학년, 초등학교 6학년이다. 그리고 큰아들은 늦게 결혼을 해 큰손자가 이제 초등학교 6학년이 되고 작은손자는 3학년이 된다.

언제나 할아버지와 할머니에게 달려와 가슴을 파고들며 꼭 안아주는 것이 우리의 인사법이다. 또 헤어질 때도 인사하고 꼭 안아본다. 그런 손자들인데 며느리가 식탁 위에 있는 책을 펼쳐 "어머니 여기 학교 문집에 희수 글을 올렸어요." 하고 건넨다.

희수는 막내 손자다. 제목은 「하얀 개구리」다. 아빠와 우리 집에 오는 과정의 이야기다. 아직 2학년 아이가 썼다는 것이 기특했다.

아빠가 새 새끼를 잡아줘 놀다 풀어 주었는데 이번에는 청개구리가 아닌 하얀 개구리를 보고 놀랐다고. 또 할머니 집에 가면 볼 수 있기를 바라는 마음을 썼다. 혼자서 일기를 썼다가 선생님이 내라는 말을 듣고 일기 중에서 골라냈다고 하니 우선 혼자 자발적으로 판단하고 골라냈다는데 칭찬을 해주었다.

며느리도 자랑하고 싶었을 것이다. 곁에서 할머니 닮았다고 한다. 손자 넷 중에 아무도 그런 애가 없는데 나도 기분이 좋다. 설날 세뱃돈을 형과 같이 주면서 보너스 상금으로 더 주었다고 했다. 언제나 제 형보다 덜 받는 것이 옳은 줄 알고 더 주어도 안 된다고 돌려주던 녀석이 오늘은 알았다고 좋아하며 주머니에 넣었다 꺼내 헤어보기를 몇 차례다. 다른 집 아이들 이야기를 들어보면 형과 같이 주지 않는다고 샘을 낸다는데 귀여운 짓만 골라하는 녀석.

아무쪼록 건강하고 올바르게만 자라다오. 희수야, 할머니 집에는 도마뱀도 때로는 인사하러 온단다. 금년 여름에는 청개구리와 민물고기도 메뚜기, 잠자리도 많이 올 거야. 그러면 3학년 때도 예쁜 글 많이 쓸 수 있겠지. 오늘은 정월 초이틀인데 할머니 집에는 벌이 날아 왔더구나. 벌을 처음 보면 부지런한 한 해가 된다는데 올여름도 할머니는 부지런히 농사지어야겠다. 우리 희수 많이 먹을 수 있게 고구마, 옥수수도 많이 심으련다.

봄 날

입춘이 지나더니 벌과 나비도 일찍 찾아왔다. 입춘이 지났다고는 하지만 음력 정월 초이틀, 바람이 찬데 벌이 귓전에서 윙윙 소리를 낸다. 그뿐인가. 꽃도 없는데 어디서 흰 나비가 앞으로 날아온다.

어릴 적에 그 해에 나오는 곤충들 중에 첫 번째로 벌을 보면 부지런하고 흰나비를 보면 상을 당한다고 했던 말이 떠올랐다. 어린 시절을 회상하며 금년엔 벌을 가장 먼저 봤으니 뭔가 부지런히 할 일이 있으려나, 혼자 중얼거렸다. 그런데 새해 첫 친구 모임이 있다고 메시지가 왔다. 친구들은 서울에 있고 나는 천안에 있으니 모임 참석을 위해 아침 먹고 올라왔다. 두 달에 한 번 모이던 것을 세월 탓하며 이제는 한 달에 한 번씩 모이기로 했다. 빠지지 않고 얼굴을 봐야 일 년에 열두 번이라고. 보고 또 봐도 항상 흉허물 없이 즐겁기만 한 친구들. 만나면 그동안의 이야기로 수다를 떨고, 밥 먹고 노래방에 가 박자와 음정에 관계없이 목청껏 소리 지른다. 노래방 기기가 인심이라도 쓰듯 100점이 나오면 가수라도 되는 것처럼 함성을 지르며 즐거워하는 동심의 세계로 돌아간다.

어젯밤 친구들과 즐겁게 지내고 아침 준비를 하는데 갑자기 전화가 울린다. 이렇게 이른 시간에 누가 전화를 하는지 의아해하며 받았다. 오랜만에 걸려온 안성 친구. "여보세요." 하더니 "너무 일찍 전화한 것 아니니?" 한다. 괜찮다고 하자 친구는 울먹이며 남편이 어제 돌아가셨다고 한다. 갑작스런 말에 나는 "어쩌다?" 하고 물으니 감기로 병원에 갔는데 이틀 만에 그렇게 되었단다. 나는 말문이 막혀 가신 분 편하게 보내드리라는 말밖에 할 수 없었다. 그동안 남편들과 같이 한 번 만나자고 말은 하면서 서로 시간에 쫓기다 해를 넘기고, 이젠 영영 떠나는데 조문도 갈 수 없는 상황이다. 며칠 있으면 시어머니 기일을 차려야 하기 때문에 상가에 가지 못하고 미안함은 더해갔다. 친구는 내 남편의 건강이 좋지 않다는 걸 알고 있기 때문에 오지 말라고 하지만 이렇게 궂은 일에는 옆에서 위로라도 해줘야 하는 것이 진정한 친구인데 그렇지 못해 마음이 불편하다.

서울 집에서 천안으로 바로 내려왔다. 나는 혼자가 된 친구들이 떠올라 밤늦게까지 마음이 뒤숭숭해 뒤치락거리다 잠이 들었지만 꼭두새벽에 다시 깨었다. 남편도 잠을 깬다. 잠이 오지 않는다고 했더니 억지로 자지 말라고 하며 "텔레비전 켤까?" 하고 묻는다. 아니라고 하면서 남편과 한참을 허무에 대해 이야기를 나누다 창밖을 내다봤다. 새벽별도 사라지고 없다. 남편이 노래를 해보라고 한다.

"자다 말고 무슨 노래를?"

"어떤 노래도 좋아."

그러고는 요즈음 손자가 차에 입력해 놓은 '꼬마야'를 하라고 한다. 이것저것 옛날노래를 흥얼거리다 예전에 자주 꾸던 꿈 생각이 났다.

남편과 헤어져 있던 시간들이 많았던 나는 밤이면 남편을 찾아가는 꿈을 참 많이 꾸었다. 한참을 알 수도 없는 곳을 찾아가 만나는 날도 있었지만 차도 없고 만나지도 못하고 허무함을 느끼며 헤매다 꿈을 깨고 나면 남편은 내 곁에 잠들어 있었다.

그리고 요즈음도 어쩌다 옛 시절로 돌아가 꿈을 꾸다 깨어보면 해가 서산을 넘듯 내가 서산을 넘으려 하고 있다. 꿈과 현실을 놓고 어느 때가 좋은지 저울질 해보기도 한다. 젊음이 있는 그 시절이 좋은 것 같을 때도 있고, 현실이 더 나은 것 같을 때도 있지만 이제 얼마 남지 않은 세월이 서글퍼 마음에 안개 낀 날이 많다.

복잡한 내 마음을 아는 남편은 아침에 일어나 어디든 바람을 쐬러 가자고 나를 차에 태웠다. 유구로, 마곡사로 가서 한참 걸으며 나를 위해 조금이라도 더 오래 살아야 되겠다고 하면서 내 손을 꼭 잡는다.

실 수

나는 천안에서 살고 있다. 매월 셋째 수요일은 서울에서 고향 친구들과 만나는 날이다. 또 매주 수요일은 나도 서울에 일이 있어 오는 김에 친구들을 볼 수 있어 좋았다. 그런데 다른 친구가 토요일로 하면 좋겠다고 했다. 그러고 보니 토요일은 내가 어려울 것 같지만 가끔 오면 되지 않을까 생각하고 아무 말 하지 않았다.

그러나 그날이 되니 주말이라 차가 밀려서 천안에서 서울로 건강하지 못한 남편이 운전하기는 무리라 못 가게 되었다. 총무 전화 올 때마다 매번은 아니라도 가끔은 시간을 내보겠다고 했더니 나 때문에 목요일로 정했단다. 나를 위해 날짜를 바꾸었으니 꼭 나와야 된다는 총무의 압박전화다. 친구들이 고마워 수요

일하는 일을 이번부터 하루 미루기로 정하고 친구들을 만나 즐거운 모임을 마치고 서울에서 이틀을 지내게 되었다.

그날 밤 서울 집에 늦게 들어왔지만 청소를 시작했다. 내일이면 또 천안 집으로 내려가야 하기 때문이다. 이곳은 우리가 시골에 가 있어 아들이 사업 차 혼자 지내고 있다. 오랜만에 베란다를 들여다보니 화초들이 목말라 주인을 원망하고 있다.

물소리를 줄이며 남편 눈치를 보면서 청소를 했다. 날이 새면 빨리 가자고 재촉할 남편 마음을 알기 때문에 늦지만 할 수밖에 없다. 하루 종일 집에서 누웠다 앉았다 했을 텐데 청소하며 움직이고 다니는 내가 못마땅해 남편이 자지 않는다며 낮에 지루하던 것을 짜증으로 표현한다.

아침부터 청소하고 빨래하고 쫓기듯 해도 뭐가 그리 많은지 표시도 나지 않는 일들로 시간이 모자란다. 내려가자는 남편에게 여기도 내 살림이고 내 집인데 온 김에 치워야겠다고 하니 이불도 빨라고 한다. 이불도 빨고 아들 빨래도 정리하고 부지런을 떨었지만 겨우 마무리를 하고 오후에 내려오게 되었다. 저녁을 먹고 좀 쉬려는데 동생이 전화를 했다. 어디냐며 엊그제까지도 아버지 기일이 이번 주 토요일이라고 하더니 금요일 오늘이라고 한다.

우리는 딸들만 있어 부모님 제사를 넷째 딸인 동생이 모신다.

나는 장손이라서 못하고 큰언니는 딴 나라 사람이고, 여러 가지로 생각한 끝에 모시기 편한 동생이 모시기로 한 것이다. 한데 늘 잘 하던 동생이 이번에는 토요일이라 생각하고 있는데 제부가 아버지제사라고 와서 잘못 왔다고 돌려보내고, 둘째 언니에게 연락하고 달력을 보니 잘못 적혔다고 웃으면서 준비는 다 되었다고 하는 것이다. 나는 건강하지 못한 몸으로 운전하는 남편에게 미안해서 천안 터미널까지만 데려다 달라고 했다. 한참을 생각하다 가자고 하며 적어놓지도 않았느냐고 남편은 나를 나무란다. 음력 5일에 표한다는 것이 잘못되었다며 제삿상 차릴 준비는 다 되었다고 하니 말이 없다.

절을 올리며 동생이 "아버지 어머니 잘못했어요. 내년에는 실수 않고 잘 모실게요. 하마터면 오락가락 길에서 밥도 못 드시고 가실 뻔했는데 죄송해요." 한다. 생전의 아버지는 명절이 다가오면 아들이 없는 것에 많이 쓸쓸해 하셨다. 동네 어구에 나가셨다가도 "우리 집에는 아무도 올 사람이 없는 것을…." 하시면서 들어오셨다. 나는 아버지의 그 마음을 오늘 영정 앞에서 되뇌며 가슴에 죄송함과 그리움이 차오르는 것을 감추고, 엄마 셋째 사위가 "텔레비전 사다준 것 잘 보셨어요?" 하고 웃었다. 동생 나이 일흔 살, 요즈음 모두 젊어도 깜박깜박한다는데 사라져가는 기억력 어떻게 하겠는가. 동생이 고맙고 미안했다. 장손이라고 모시지도 못하고 겨우 다해 놓은 젯상에 인사만하고 돌아오면서 나라고 착각을 하지 않는다고 장담할 수 없는 일이다. 다행인 것은 내게는 며느리들이 있어 조상님들 젯상을 잊지는 않을 것 같다. 아니 혹시라도 그런 실수는 없기를 바란다. 장손으로 태어난 아들과 장손과 결혼한 며느리 항상 신경을 써야 할 일들도 많고 몸도 마음도 고달플 때가 많지만 이미 주어진 걸 어찌하겠는가. 세월이 흘러 형제들이 내 집으로 모이는 것이 행복하다 느껴질 때가 있겠지. 내가 그러하듯이. 그리고 잘 따라주는 아이들에게 고맙다.

새우젓

가을이 되니 김장 준비를 서두른다. 5년 전에는 시동생이 맛있는 백화새우젓갈 한 통을 담가주었다. 젓갈은 시동생의 마음도 함께 담겨와 맛이 더 좋았다. 2년 동안 김장할 때면 한약방 감초처럼 요긴하게, 다른 반찬을 만들 때도 양념으로 쓰였다. 덕분에 맛있는 김치가 밥상에 올라 건강한 겨울을 나게 했다. 매년 생각나게 하는 고마운 마음, 금년에도 젓갈이 생각나 이번에는 나도 한번 담가 보기로 했다.

들녘을 구경도 할 겸 광천토굴젓갈판매장으로 나섰다. 들판은 온통 벼들이 황금빛 곱게 물들어 고개 숙이고, 무, 배추밭 초록은 김장철을 기다린다. 감나무와 사과나무에서는 붉은 과일이 주렁주렁 매달려 풍성한 가을 정취를 즐기게 한다. 오래전 많이 지나다니던 광천토굴젓갈 판매장에 도착했다. 예전에 다니면서 들렀던 시장은 어디로 갔는지 주변이 다 바뀌어 알 수 없다. 멀리 보이던 토굴도 보이지 않는다. 젓갈가게에 들러 물었다. 도로만 조금 넓혔을 뿐이라는데 너무 생소하다. 하긴 10년이면 강산이 변한다는데 하루가 다르게 변하는 세상에서 어찌 10년 전 그대로 있겠는가.

새우를 사 젓갈을 담아보겠다고 야무진 꿈을 꾸며, 김장에 쓸 생새우도 남겨 가져와야지 했다. 그러나 꿈은 산산조각 났다. 여기는 다른 곳에서 젓을 담아 이곳 토굴로 가져와 숙성시켜서 판매하기 때문에 생새우는 없다는 것이다. 예전에 다니면서 보던 시장의 모습은 어디에도 볼 수 없다. 매장에는 새우들이 바닷물 아닌 소금을 덮고 오젓, 육젓, 추젓 제각각 이름으로 드럼통에 가득 담겨 맛을 숙성시키고 있다.

백화새우는 강화나 전라도 군산에서나 나온다고 하니 이곳에서는 살 수 없다기에 이것저것 맛을 보고 조개젓만 조금 사가지고 돌아왔다. 새우는 바다에서 건져지는 시기에 따라 몸값이 올라간다. 생각해 보니 가을 김장철의 최고 몸값. 그것은 육지의 가을이라는 계절과 바다의 절기가 만나 화합으로 맛있는 맛을 탄생시키기 때문이다. 작은 새우가 몸을 삭혀 맛을 내듯, 글을 씀에 있어서도 노력과 시간이 어우러져야 맛깔스런 글이 되겠지.

향 수

탱자나무 울타리를 돌아가면
흙담이 있는 집
낡은 대문을 열고 들어서니
남빛 포대기로 아기를 업은 젊은 아낙이
마당에서 서성이고
'그 집 며느리는 얌전해 마실가면
고무신을 깨끗이 닦아 놓더라고' 하는
아주머니들의 소리가 행랑채에서 들리는 듯하다.

그녀는 45년 전의 고향집에 갔다.

그 시절, 아기가 태어날 때가 되면 손으로 배냇저고리를 만들고, 가을이면 솜을 놓아 깔 포대기와 큰 포대기를 만들곤 했다.

아기를 업고 나들이 갈 때면 발이 나올세라 얇은 포대기에 싸고, 두껍고 큰 포대기를 둘러 머리까지 올려 감싼다.

그 집에는 술 좋아하는 할머니와 시도 때도 없이 술국을 끓이는 효부며느리가 육남매를 키우며 4대가 살고 있다. 며느리는 술 좋아하는 할머니가 서울 작은아들네라도 가고 없으면 할머니를 잘 모셔야 한다면서 기다린다. 그리고 며느리의 장성한 아들들이 돈 벌러 객지로 떠나면 시도 때도 없이 동네할머니들이 붐비는 집이 된다. 그래서 그 집 밥상에 무엇이 있고 없는 것까지 퍼져나간다. 또 마을의 크고 작은 일들이 풍선처럼 부풀어 방송같이 흘러나온다. 그 무수한 소문을 듣는 것이 불편한 손자며느리가 있다.

가을 일이 끝나면 마을에서는 가마니를 짜기 위해 어린 아이들도 새끼를 꼰다. 언제나 새끼 꼴 짚은 물을 뿌려 매로 두들긴 다음 검부러기를 다듬었다. 이런 짚은 마실 갈 때 옆구리에 끼고 가 새끼를 꼬며 지루한 겨울을 나기도 한다. 가마니는 가난한 집의 겨울 효자노릇하며 봄이 올 때까지 끼니를 책임져준다. 그래서 농사를 짓지 않는 집은 짚을 사다 겨우내 가마니를 짜 판다. 또 지금처럼 간편하고 좋은 포대나 자루가 흔치 않아서 있는 집 없는 집 할 것 없이 가마니를 짜서 두고 쓴다. 해서 가마니를 잘 짜야 '잘 들어 온 며느리'가 된다. 그렇게 겨울을 나고 농사철이 시작되면 마을은 새색시도 모내기하고, 피사리하고 들일을 한다. 한데 그 집 손자며느리는 들일도 못하거니와 가마니 짜는 도구조차 본 적 없으니 새끼 꼬는 것은 더더욱 못한다. 새끼를 꼬면 꼬불꼬불하다 못해 엉켜 어린아이들에게까지 웃음거리가 되곤 한다. 다행인 것은 그 집 시할머니와 시어머니는 그녀가 일을 못해도 일 잘 한다고 잘 사는 것 아니라며 힘들어 하는 손자며느리를 다독여준다. 그녀가 할 수 있는 것은 청소하고 밥 짓고 빨래하고 아이 키우는 평범한 일상생활이다. 빨래를 할 때면 우물물이 짜서 비누칠을 해도 거품이 일지 않고, 때가 잘 지워지지 않아 그녀의 집 앞 농수로가 흐르는 도랑으로 가지고 간다. 그곳 빨래터는 여자들 누구랄 것 없이 빨래를 가지고 와서 늦게 가면 자리가 없다. 이것이 손자며느리가 할 수 있는 유일한 일이지만 형제들은 일 못하는 형수며 올케를 모두 사랑하고 도우며 따랐다.

하지만 동네 할머니들은 그 집 손자며느리가 아기를 업은 것부터 양말 신은 것까지 흉이 되어 눈덩이처럼 굴려냈다. 할머니들은 마을 새댁이나 젊은 며느리가 마음에 들면 뉘 집 며느리, 아니면 모두 그년으로 통한다.

그런 어느 날이다. 그 집 큰손자가 집에 며칠 있을 때다. 딸 셋을 낳고 아들을 목메게 기다리던 이웃 아주머니가 임신하자,

그 집 큰손자에게 아들인지 딸인지 알려 달라고 사정한다. “아들이네요.” 한다. 그리고 아주머니가 토방을 내려서자 “또 딸이구먼.” 하는 그 집 큰손자 말에 방안에서 웃음이 퍼진다. 그 집 큰손자는 이웃들과 모여 임신한 사람을 보고 농으로 했던 말이 우연히도 맞은 것이다.

그런데 아주머니는 지푸라기라도 잡고 싶은 심정으로 아들인지 딸인지 물으러 온 것 같다. 그런가하면 몇몇 단골 할머니들은 겨울이면 따뜻한 아랫목에 앉아 추워서 들어온 그 집 아이들에게 들락거린다고 야단친다. 그런 할머니들에게 가라고 소리치는 다섯 살 아이도 있다.

이제 그 다섯 살 아이가 오십이 되었으니 할머니들의 입담이 지금도 연기처럼 피어나고 있는지 모르겠다. 늘 행랑채에 신경을 쓰며 살았던 손자며느리가 서리를 인 나이에도 밤이면 그리움이 쌓여 그 시절 고향으로 마음이 달려간다.

길고양이와 말 걸기

햇살 뜨거운 한낮, 빨아 널은 운동화를 뒤적이는데 "야옹" 하는 소리가 들린다. 평소에는 아무리 불러도 도망치기 바쁘던 길고양이가 먼저 나를 부른 것이다.

이곳에 이사 오던 때부터 지금까지 봐온 고양이다. 대문도 울타리도 없이 사방이 열려있고 텃밭과 유실수 몇 그루에 정원이 있는 집. 여름이면 풀이 우거져 개구리와 뱀, 메뚜기, 파충류가 많아서인지 고양이들이 많다. 고양이들의 색깔도 가지각색이다. 흰색, 검정, 바둑무늬. 아무리 불러도 현관유리를 보며 지나칠 뿐이다. 또 테라스에서 낮잠을 즐기며 휴식을 취하다가도 인기척이 나면 놀라 쏜살같이 도망치거나, 단잠을 깨워 못마땅하다는 듯 힐끔거리며 가는 놈도 있다. 가끔 남편의 카메라에 모델로 등장하기도 하는 놈들. 고고한 척 마르고 높은 자리만 찾아 앉는 고양이를 보면 전생에 귀족이었는지 모르겠다는 생각을 한다. 오늘은 바둑이 소리가 자꾸 내 귀를 맴도는 것이, 그놈에게 무슨 일이 있나보다. 두리번거리며 주위를 둘러보니 바로 등 뒤 의자 아래서 다리를 쭉 펴고 누워 나를 본다. "왜 그래?" 하며 살펴보니 배가 홀쭉 들어가 있다 "배고프니?"라고 말을 걸을 때마다 길고 짧게 대답하듯 야옹소리를 낸다. 멸치 몇 마리와 밥을 가져다주었다. 이번에도 크고 길게 "야옹" 하고 맛있게 먹는다.

며칠 후 또 찾아와 빨래를 널고 있는 나를 보고 "야옹" 한다. "그래 왔어?" 하고 말을 걸었다. 나와 눈이 마주치자 뒤꼍으로 가는 모퉁이에서 고개를 내밀고 본다. 다가가면 숨고 다시 얼굴 내밀고 야옹하며 부르기를 몇 번, 숨바꼭질이 하고 싶었나 보다. 모른 척하다 슬그머니 돌아가 보니 계단 옆에 누워서 아이처럼 나를 본다. 점심때가 되어서다. 다용도실 앞에 앉아 나를 보며 야옹거리다 눈이 마주치자 그 소리가 점점 빨라진다. 점심 준비를 하는 내게 배고프다고 빨리 밥 달라고 하는 것 같아 보인다. '얼마나 배가 고팠으면 그처럼 도망만 치던 네놈이' 하고 중얼거리며 밥을 주었다. 밥을 다 먹고 나서도 가지 않고 "야옹 야옹" 하며 나를 부른다. 옆에서 남편이 부르자 개가 꼬리치듯

꼬리를 흔든다.

꼬리를 흔드는 모양을 보니 20년도 훨씬 전 잃어버린 진돗개 노랑이 생각이 났다. 말을 잘 알아들어 신문을 보지 않겠다고 하면 울타리 넘어오는 신문을 받아 찢어버리던 놈인데. 비 오던 날 밤 일하러 왔던 사람들의 실수로 잃어버린 그놈 생각을 하게 했다. 고양이에게 찌개 국물에 밥 한 술 더 주었더니 다 먹은 후 내게 몸을 비비며 달려들어 애교를 부리기도 한다. 그리고 다리를 쭉 펴고 잠을 잔다. 사람이나 짐승이나 배가 부르면 식곤증이 오는 것 같다. 주위에서 쥐나 뱀을 잡아먹는 고양이가 사람이 주는 것에 배를 불리면 게을러져 자신이 할 일을 잊는다고 말린다. 하루종일 인기척만 나면 야옹하면서 나를 따라다니는 고양이를 보니 그 말이 맞는 것 같다. 내가 게으름뱅이를 만드는 것 같아 먹이를 주지 않으니 힘이 빠져 있는 것 같아 짠하다. 그런데 힘없어 보이던 고양이가 갑자기 쏜살같이 달린다. 먹잇감을 보고 달리는가 싶었는데 다른 고양이에게 쫓기고 있었다. 한참 후에 그놈은 어디 가고 회색 얼룩이가 돌아와 당당한 모습으로 사방을 훑어보고 있다. 알고 보니 그 녀석은 늙어서 젊은 고양이에게 쫓기고 있었다. 어디서 밤새 숨어 있다 아침 일찍 와 "야옹야옹" 부른다. 내 호위병처럼 나를 따라다니기도 하고 제 몸을 비비기도 하면서. 세월에 장사 없다는 말은 사람에게만 있는 것은 아닌 모양이다. 짐승도 나이가 들면 몸이 따라 주지 못해 누리던 곳에서 뒤로 물러나는 게 순리인 듯하다. 이제는 가족처럼 보이지 않으면 어디 가 있는지 궁금해 기다려지기도 하는 고양이.

4.

고라니에게 부탁을

딸로 살자

두 아들이 한 회사를 운영하며 큰아들은 본사에서 일을 하고 둘째는 영업을 담당하고 있다. 요즈음 우리나라가 불경기라고들 한다. 나도 아들 눈치를 살펴보면 어려움이 많은 것 같다. 아들이 집에 올 때면 남편은 회사 일을 물어 보지만 부모가 걱정할 것을 생각해 크게 걱정은 없다고 어려움을 늘 감추는 것 같다. 그러다 보니 아이가 초등학교에 다니는 큰아들네보다 고등학교를 보내는 둘째 네가 좀 더 어려울 것이다.

천안 시내의 외곽에 집을 짓고 고구마와 채소 그리고 과일나무 몇 그루를 소일거리로 가꾸는 내게 일요일이면 아들들이 아이들을 데리고 와 익은 과일과 채소를 가져간다. 이번엔 일요일까지 두면 과일이 너무 익어버릴 것 같아 둘째네 보고 가져가라고 했더니 그들이 왔다. 며느리는 평소에 시어미인 나를 친정 엄마 같다고 한다.

어느 날이던가. 둘째 며느리가 작은 손자를 데리고 왔을 때다. 생활이 좀 힘이 든다고 했다. 그래서 "네 남편이 열심히 뛰고 있으니 잘 될 때가 오겠지." 했다. 그러자 며느리가 보기엔 그렇지 않은 것 같다고 하면서 제 남편에게 있는 불만을 내가 잘못 키워서라고 탓한다. 갑자기 듣는 말에 기가 막혀 할 말은 잊었다. 마침 친정동생도 다니러 와 있는데 창피하고 괘씸하기까지 했다. 시어미가 어떻게 보이기에 이런 말을 하느냐고 야단을 치고 싶었지만 눈물을 흘리는 것을 보고 참았다. 며칠을 끓는 속을 달래며 나를 뒤돌아보면서 며느리를 이해하려고 노력했다. 그리고 얼마나 힘들면 그러겠나 하다가도 '그래 너도 아들만 있으니 자식 키워봐라 마음대로 되는 줄 아니?' 하면서 해선 안 될 생각이 들기도 했다. 일주일이 지나도 서운한 마음이 풀리지 않고 끙끙대고 있는데 둘째 아들과 며느리가 왔다. 아무 말 않고 팥을 널고 있으려니 며느리가 곁으로 다가와 팥을 만지작거리며 말을 걸어온다. 잘못한 것은 알면서 쑥스러워 말 못 하는 며느리를 보며 '그래 딸이라고 했지 얼마나 힘들었으면' 하는 생각에 그래도 친정어머니에게 푸념하지 않고 내게 한 것이 고맙기까지 했다. 며느리 자칭 딸이라는 말에 딸 없는 나도 어머니보다 엄마로 살자했다.

금년에는 손자가 수능시험을 봤는데 아예 원서 낼 생각을 접고 재수를 하겠다고 한다. 웬만하면 학점에 맞춰냈으면 했는데 서울로 이사 와 집근처에 있는 학원에 보내고 싶어 한다. 사업 때문에 와있는 아들도 혼자 있는 것보다 가족이 함께 있으니 잘 된 일이라 그렇게 하라고 했다. 그런데 설이 지나면 조상님 기일이 되는데 늘 오던 둘째 며느리가 병원에 입원해야 할 일이 생겨 못 오겠다고 한다. 나는 입원이란 말에 놀라 제사 걱정은 말라고 했다. 그리고 어디가 아픈지 물었더니 부인과 질병으로 크게 염려할 일 아니라지만 걱정되어 "서울 큰 병원에 가는 것이 좋을 것 같다."고 했다. 그날 밤 나는 큰며느리에게 아침 일찍 와서 둘째 며느리가 입원할 병원에 데려다 달라고 했다. 혼자서 들여보낼 수 없어서다. 그리고 제사는 숙모들이 오면 함께하라고 일렀다. 아침이 되자 둘째 며느리가 병원 가는 것을 미루었다며 웃으며 왔다. 고맙고 미안하고 짠하다.

"어머니 아들이 빚이 있대요. 카드빚이요. 이미지 관리하느라 쓴 거래요."

음식을 하면서 둘째 며느리의 말이다. 혼자 있던 아들이 밤에 TV 보다가 쇼핑몰에서 물건을 사게 된다던 말이 생각나 그래선가 보다고 아들을 변호했다. 며느리는 어머니가 아들을 몰라서 그런다면서 어머니가 알고 있는 아들이 아니란다.

“내가 아들을 잘 키워 너에게 보냈는데 그때가 언제니? 안 살 것도 아닌데 어떻게 하니? 뭐라고 야단 좀 쳐야겠다.”

내 말에 며느리는 왜 안 사느냐고 깜짝 놀라며, 아들에게 말하면 둘 사이에 불화로 번진다고 말린다. ‘그래 딸이니까, 엄마에게 하소연하는 말일 거야’ 생각해 본다. 내 아들과 인연을 맺어 나와 부모자식이란 인연이 되었지만, 시부모와 며느리라는 선을 넘어 크고 작은 일이 있을 때면 잘하려고 노력하는 며느리들이다. 친척들도 주위에서도 칭찬을 하니 이만하면 잘하고 있는 며느리지 않는가. 나는 며느리들을 사랑한다. 그래 내 딸로 살아보자.

고라니에게 부탁한다

장독대 옆에 보리 두어 주먹을 뿌렸다. 많이 심어 양식거리로 거두려는 것이 아니라 내가 어렸을 때 어머니가 생일날이면 만들어 주셨던 보리싹 떡이 먹고 싶어서다.

물론 많이 심으면 보리차와 엿기름, 보리쌀, 여러 가지로 쓰임이 좋겠지만 그렇게 많이 가꿀 용기가 없다. 그것들을 거둬들여야 하는 절차가 너무 버거운 일이기 때문이다. 뜨거운 여름날 껄끄러운 꺼럭이 옷 속으로 들어와 괴롭힐 것을 상상만 해도 소름끼치고 몸이 뒤틀리며 싫어진다. 그 타작절차가 얼마나 힘든지 어느 농부는 "네가 먹기가 좋냐? 일하기가 좋냐?" 하면서 논바닥에 동댕이쳤다는 일화가 있다.

지금은 건강식으로 보리쌀이 몸에 좋다고 쌀보다 값이 비싸지만 예전에는 돈 없는 서민들의 식량이었다. 그런 보리를 어머니는 삼짇날 내 생일이면 어린 보리싹을 베어다 팥고물을 놓고 떡을 해 주셨다. 편식을 하는 내게 어쩜 겨우내 움츠렸다 자란 보리처럼 건강하게 자라라고 그리 하셨는지 모르겠다. 이제 나이가 들수록 잊을 수 없는 어머니 사랑과 그 보리떡 맛이 그리움으로 밀려온다.

내가 뿌린 보리가 눈 속에서 하늘을 보려고 파랗게 예쁜 얼굴을 내밀며 용을 쓰고 있는데, 산에서 먹이에 허덕이던 고라니가 달빛 따라 내려오다 풋풋한 맛, 그 내음에 끌려와 쓱싹쓱싹 맛을 보고 갔다.

이른 봄 남도지방에서는 약간의 보리싹과 쑥에다 홍어의 내장인 애를 넣어 된장과 고춧가루, 마늘을 넣고 국을 끓이기도 한다. 그 맛이 별미 중 별미라 한번 맛을 보는 사람은 잊을 수 없다고들 한다. 그러니 고라니가 풋풋한 보리의 맛을 싫어할 리가 없다. 하지만 "고라니야 지난여름 콩은 네가 세 번이나 다녀가더니 너를 탓하게 되더라. 그래, 보리는 조금만 먹고 남겨 둬라. 나도 씨앗을 뿌렸으니 나눠 먹어야 하지 않겠니?"라고 혼잣말을 한다. 홍어애는 없어도 보리와 냉이 그리고 쑥을 넣어 국을 끓이고, 어머니의 맛은 못 따라가지만 나도 보리싹에 팥고물을 넣고 떡을 해봐야겠다. 그리고 동생들과 모여 나눠먹으며 어머니와의 추억을 그리며 회포를 풀어야겠다.

피아노 반주를

일주일 동안 기다리던 날이다. '무지개 넘어'라는 곡을 받고 오늘 그가 오면 피아노반주에 맞춰 해보기로 했다. 그동안 나는 열심히 연습을 한다고 했다. 걱정은 되지만 기다린 날이다. 남편은 오늘 바이올린 선생이 오는 날이니 아침 일찍 SM에 가서 시장을 봐오자고 했다. 오후에는 사람들이 많아 계산대가 분주하기 때문이다. 장을 봐 가지고 돌아와 모처럼 남편이 좋아하는 국수를 만들어 먹었다. 이가 좀 아프다고 하더니 '한 달만 참아 했는데' 하며 혼자 중얼거리면서 자리에 가 찜질팩을 얼굴에 대고 누웠다. 오후 1시 반 그가 오는 시간이다.

숙제를 내주고 일주일 만에 선생님을 만나는 날. 할머니라고는 하지만 그래도 열심히 해보겠다고 마음을 다진다. 그리고 손목이 아파도 남편에게 말 못하고 연습을 했다. 악보를 펴 준비해놓고 기다리는데 1시 반이 지나도 오지 않는다. 남편이 전화기를 열어보니 그가 전화를 했었는데 받지 못했던 것이다. 남편은 이가 아파 누워있다 잠이 들었던 것 같다. 전화를 걸었다. 그런데 "할머니" 하고 밖에서 소리가 난다. 나는 앞집 서하 엄마인 줄 알고 "응 그래." 하고 문을 열고 보니 바이올린 선생이다. 시간에 못 맞출 것 같아 전화했는데 일이 잘 되어 제 시간에 왔단다.

집에서 한번 켜보고 서하네 집에 피아노 반주를 맞춰 보려고 갔다. 그런데 집에서 혼자 할 때는 그런대로 되던 것이 왜 자꾸 틀리는지 박자도 음도 자꾸 하나를 더 하거나 손가락 위치가 제대로 되지 않는다.

"할머니, 여기는 한 박자에요."

"여기는 반음을 올리니 손가락 위치가 올라갔어요. 여기는 1번 손가락 쪽으로 붙이세요. 4번 손가락은 더 쭉 올리세요."

선생님의 지적을 받으니 진땀이 난다. 틀리던 곳은 혼자 할 때도 잘 되지 않아 몇 번씩 연습을 했는데도 잘 되지 않는다. 악보를 보고 곡을 이해하는데도 한 박자가 늦게 전달되는 것 같다. 이해하고 알지만 손가락이 따라 주지 않는다. 선생님은 끝나고 땀이 나는 나를 보면서 처음인데 잘했다고 위로한다.

다음에 한 번 더해보고 다른 곡을 할 것이라 한다. 그리고 손목이 아프게 너무 많이 하지 말고 손목은 쉬어가며 하라고 한다. 곡을 미리 주면 연습을 해보겠다고 했으나 오늘은 가져오지 않았다면서 돌아갔다.

내가 바이올린 연습을 할 때면 남편은 살며시 문을 열고 들어와 바라보면서 음이 조금씩 되어 간다며 격려를 한다. 남편은 바이올린 줄에 음도 잡아주면서 우리가 고국으로 돌아가기 전까지 나는 바이올린을 열심히 배우고, 남편은 앞집 '승언'이에게 골프를 조금이라도 더 가르쳐 주고 싶어 오늘도 그가 교회에서 오기를 기다렸다 데리고 연습장에 간다.

그런데 요즈음 자꾸 잔병을 앓으니 걱정이 된다. 약을 많이 먹어서 저항력이 떨어져서인지 지난번 혈관확장시술을 받고부터는 부쩍 그렇다. 모든 것에 자신 없는 것 같고, 매사에 의욕이 없어 보인다. 생각보다 원하는 영어도 되지 않고 점점 기억력이 약해지는 것을 본인이 느끼나 보다. 그런 남편 모습을 보면 불안하고 측은하게 느껴지며 가슴이 저려온다.

남편은 자기 건강이 좋지 않으니 나를 걱정하며 하고 싶은 것이 있으면 뭐든 다 해주고 싶어 하면서 바이올린을 배우라고 한다. 때로는 내가 주책을 떠는 것 같지만 그래도 나는 잘 배워 그에게 아름다운 멜로디를 들려주고 싶다. 스트레스를 덜 받고 조금이라도 즐거운 시간을 보내기를 바라면서 배운다.

모든 병은 스트레스가 많은 영향을 끼친다는데 스트레스 안 받고 사는 사람이 얼마나 있을까 생각하면서 건강을 지키려고 노력한다. 그러나 때론 부모인지라 마음대로 되지 않는 자식들 사업걱정을 하면서, 자식들 사업이 잘 되어 양로원이든 고아원이든, 어려운 이웃을 도우며 사회에 봉사하면서 사는 모습을 보고 싶어 한다. 남편이 늘 바라던 일을 못하고 자식들이라도 뜻을 이루어 주었으면 하면서. 그런 일이 이루어질 때까지 건강에 유의하면서 더 아프지 말고 그날을 기다릴 수 있기를 오늘도 나는 기도하며 바이올린 연습도 열심히 한다.

가난은 절망이 아니다

사람은 누구나 빈손으로 태어난다. 세상의 공기를 스스로 마시고 내 몸에 모든 것을 해결한다. 그렇다면 어떤 면에서 보면 내가 알 수 없는 곳에서 생명을 가지고 부모님을 선택하지 않았는가 하는 생각이다. 내가 경제적으로 넉넉한 집에 태어나든지 아무도 없는 외동아들이나 딸로 태어났다면 정말 행복했을까 하는 생각을 해본다. 또 물려받은 부(富)가 평생 간다는 보장도 없다. 있으면 있는 것을, 없으면 갖기 위한 노력이 누구나 필요한 것 같다.

가난한 사람이 추구하는 행복과 재산이 많은 사람의 행복은 서로 달라 내가 느끼고 경험하지 않으면 진실로 행복을 잘 모른다. 언제나 걱정 없이 만족할 만큼 여유롭다면 가난한 사람의 끈끈한 삶이란 것을 모르고 그 부(富)가 얼마나 소중한가를 모를 것 같다. 만일 그렇게 살다 부가 없어질 때는 가난한 사람보다 더 감당하지 못하고 힘들 것 같은 생각이 든다. 하지만 어렵게 사는 사람은 살기 위해 조금씩이라도 나누어 먹어야하고 입어야하기 때문에 작은 것에서 서로가 양보할 수 있는 마음도 돕고 사는 사랑도 깊을 거라는 생각이 든다. 무엇이든 넘치면 모자람만 못하다는 말이 옳은 것 같다. 힘들지만 넘치는 것보다는 약간의 부족이 잘 살아보겠다는 희망을 주는 것 같다. 그러니 가난은 다소 불편할 뿐이지 절망할 것은 아니란 생각이다.

어렸을 때 나도 가난을 겪었다. 하지만 그때는 가난해서 불행하다거나 창피하다는 생각을 해본 적이 없었다. 부모 형제가 있어 항상 웃을 수 있었고, 모든 일에 강직하고 엄하시기는 했지만 정이 많으신 아버지와 어머니 그리고 인자하고 정이 많으신 할머니가 계셨다.

나는 언니 둘, 동생 둘이며 오빠도 있었는데 초등학교를 졸업하던 해에 사고로 오빠를 잃었다. 남달리 오빠를 따르던 나는 어린 마음에 슬픔의 상처를 맛보았고 그리움도 오랫동안 경험했다.

이 일을 빼고는 넉넉하지 않았지만 언제나 행복했다고 기억된다. 아버지는 저녁에 주무실 때 나와 동생을 양쪽에 누이고 심청전과 여러 이야기책을 잠들기 전까지 읽어 주시셨다. 내 동생은 아버지 귀를 만지고 나는 심청전의 슬픈 사연을 구슬프게 읽어 주시는 아버지의 목소리를 자장가처럼 듣고 잠들었다. 아마도 우리 마을에서는 나처럼 이렇게 자란 사람은 없었을 것이란 생각 든다.

내가 아주 어렸을 때는 남이 부러워했을 정도로 잘 살았다고 친구 엄마들로부터 들었지만 내 기억으로는 그렇게 잘 산 기억은 없다. 마을 전체가 부농(富農)이 아니었다. 몇 집 외는 농한기가 끝나면 식량은 두말 할 것 없고 땔감도 없어 들로 나무를 하러 다니기도 하고, 동지섣달이 되면 있는 집에서 고지를 내다(품삯을 미리 받음) 겨울을 지냈다. 가을이 끝나면 마을에는 아무것도 할일이 없어 먹고 살기 어려웠지만 이웃끼리 사이는 좋았다. 어렵게 살지만 제사라도 지내고, 색다른 음식이라도 만드는 날이면 서로 불러 나눠 먹으며 정과 사랑을 다졌다.

이렇게 어려운 시절이었지만 내게 잊히지 않는 우리 마을의 소리가 있다. 그것은 추운 밤 여기저기서 들리는 '칼도마' 소리다. 우리 고장은 다른 작물에 비해 무맛이 좋기로 유명하고 풍부했다. 그래서 늦은 가을이면 그 넓은 들에 무 잎을 잘라 밭고랑에 길게 굴을 만들어 묻었다. 서리가 내려 손을 호호 불며 잎이 잘린 무는 엉덩이를 마주 대고 70㎝ 정도 쌓아 흙을 덮는다. 잎은 연하고 부드러운 것을 골라 소금에 절여두기도 하고 시래기로 말리며 저장 작업이 끝났다. 무는 겨울에서 봄까지 서울로 무장사하는 사람들이 있어 필요한 만큼 작업해 화물열차에 싣고 서울로 가지고가 팔았다.

묻어둔 무 작업을 할 때는 일손이 모자라 초등학교를 갓 졸업해도 돈벌이를 한다. 추운 날도 도시락을 싸가지고. 때로는 트럭을 타고 멀리까지 간다. 목적지에 도착하면 남자들은 무굴에 흙을 걷어내고 여자들은 기다린다. 남자들이 다른 굴로 가면 여자들은 쌓여 있는 무를 꺼내 다듬는다.

그 속에서 무가 노란 순(荀)을 달고 나오면 여자들은 가마니를 바람막이 삼아 등에 업고 둘러앉아서 수다를 떨며 작업을 한다. 동네에서 일어난 간 밤 이야기부터 좋고 나쁜 이야기도. 또 서울 간 ○○는 젊은 여자와 지내고 와서 잠꼬대하다 들통이 났다느니, 누구는 60세를 넘긴 마누라에게 다홍치마에 노랑저고리를 사가지고 와서 방에서만 입어라 했다는 등. 사생활까지 뉴스가 되어 듣는 사람 말하는 사람 모두 즐겁게 일을 한다.

12시를 알리는 사이렌 소리에 맞추어 점심을 먹는데 뜨거운 물이 있으면 얼기 직전의 밥에 부어 먹지만, 그마저도 인가(人家)가 멀리 있는 날은 찬밥 그대로 먹는다. 그래도 그 맛은 꿀맛이다. 집에 올 때는 시오리 길이 넘지만 장난을 하기도 하고 노래도 부르고 어쩌다 누가 새로 나온 노래라도 알면 그것을 배우느라 피곤한 것도 잊고 근심 걱정이 없다. 집에 도착하면 초저녁달이 떠

있을 때도 있다. 그래도 오늘 일했으니 얼마 벌었다는 것. 서울 간 무는 빠르면 일주일 아니면 보름도 더 걸렸지만 그날 일하고 나누어준 전표를 가지고 서울 간 사람이 올 때까지 불평 없이 기다린다. 그때는 서울에서도 우리 고장 송정리 무라면 알아주었다. 밤이면 아침밥에 무를 넣기 위해 무 써는 칼 도마소리가 요란하다. 옆집에 사는 내 친구는 무밥이 얼마나 싫었는지 그 소리를 듣지 않고 잠이 든 날은 아침은 하얀 쌀밥이겠지 했는데 아니었다고 하더니 끝내 먼 친척 집 일손 돕는 아이로 가버렸다.

봄이면 쑥을 캐다 밥을 해먹기도 했다. 이처럼 어렵게 살았지만 추석이나 설이 되면 새옷을 만들기 위해 비단 천을 사다 밤이 깊도록 바느질을 했다. 우리는 잠이 오는 눈을 부비며 옷이 다 될 때까지 기다렸다 입어보고 잤다. 명절이 되면 부모님은 아무리 어려워도 떡과 음식을 만들고 새옷을 입혀 주시면서 행복했을 것이다. 몸이 아파하는 가족이 없고 건강한 것만으로도 행복했던 그 시절이 그립다.

그렇다 모두 그곳에서 자란 우리 마을 사람들은 어려움을 슬기롭게 잘 지내고 지금은 시대가 변했다고 하지만 글을 배우지 못했던 아이들은 이제라도 한글을 배우느라 열심이다. 또한 박사 자녀를 둔 사람도 많이 있다. 그러니 그때나 지금이나 가난이 다소 좀 힘들뿐이지 어찌 절망이겠는가.

가장 행복한 허풍쟁이

세상에서 제일 행복한 모습, 그것은 언제나 변할 줄 모르는 엄마의 얼굴이란 생각이 든다.

여자라고 하면 누구나 결혼하고 아이를 갖고 싶어 하는 것은 모든 이들의 공통점. 결혼한 신랑 신부의 표정도 표정이지만 언제나 변하지 않는 행복한 표정을 지을 수 있게 하는 것은 바로 엄마가 되면서부터가 아닐까. 그때부터 엄마는 내 몸을 생각하기보다 배 속 아이를 먼저 생각하는 즐거움의 생활이 시작된다.

열 달이 되면 출산이라는 고통이 기다리지만 그 아픔의 깊이를 모르는 엄마는 그날의 희망에 부풀어 산다. 드디어 그날이 되면 '아들이면' 하는 마음, '딸이면' 하는 마음도 다 버리고 아기가 빨리 세상에 나오기를 기다린다. "응~아 응~아" 하고 울음소리가 나면 조금 전 자신의 산통도 다 잊고 세상을 다 얻은 듯 행복해 한다. 또 하나의 행복한 생활설계를 하고 건강한 아이로 자라라고 기도하는 엄마의 마음.

내가 어린 시절 우리 할머니께서 갓난아기 보고 하시는 말씀, "이 아이들은 세상 돌아가는 이치를 다 알고 있어. 나쁜 말도 하면 안 된다." 하시며 아기가 울 때는 "배가 고프셔? 알았어요. 기저귀가 젖었어요? 그저 좋은 일만 있게 잘 보살펴요." 하셨다. 이러한 말을 듣고 자라서일까. 내가 엄마가 되어서도 때로는 정말 말 못하는 저 아이가 세상 잘잘못을 다 알고 있을까. 그래서 태어나면서 "이제부터 내가 나를 책임지고 살아야한다. 이 험난한 세상을 어떻게 살아갈까." 걱정되어 울음을 터트리며 태어나는가 하고 말도 아닌 생각을 할 때도 있었다. 엄마에게 있어 아이의 탄생은 시작이요 끝이다. 아니 전부다. 그래서 아이를 낳고 오로지 아이를 위해 꿈과 희망을 설계하는 것은 아닐까.

초등학교 3학년 때 국어교과서에 나왔던 행복의 글이 생각난다. '어느 봄날 헌 누더기 옷을 걸치고 행복을 나누어 주려고 행복은 길을 떠났습니다. 그런데 길을 나서 가다가 커다란 대문이 열려 있는 집으로 들어갔습니다. 집 안으로 들어서기가 무섭게 개들이 달려들어 짖기 시작했습니다. 행복을 나누어 주려고 찾아왔다고 말을 했지만 개들은 들으려 하지도 않고 물듯이 달려들며 짖었습니다. 행복은 할 수 없이 나와서 다시 한참을 걷다 다리가 아파 길가에 앉아 쉬면서 주위를 둘러보았습니다. 그때 토끼장에 잠들어 있는 토끼에게 행복을 나누어 주고 다시 걷기 시작했습니다. 이번에 또 문이 열려 있는 집으로 들어갔습니다. 행복은 잠을 자고 있는 아기를 들여다보았습니다. 아기는 새근새근 잠을 자고 있다 눈을 떴습니다. 아기는 자신을 들여다보는 행복을 보고 생긋 웃었습니다. 행복은 웃는 아기에게 행복을 나누어 주었습니다.'라는 글이었다. 그렇다. 세상에서 가장 많은 행복을 받고, 가질 수 있는 것이 있다면 그것은 아기가 아닐까!, 그 천사 같은 모습과 행복을 갖고 있는 아가이기에 엄마는 행복한 것이 아닐까.

꽃을 좋아하는 나는 요즈음 매일 베란다에 있는 화분에서 꽃대가 올라오고 꽃이 피기까지 들여다보며 미소를 짓기도 하고, 꽃에게 "예쁘게 피어라. 고맙다. 수고가 많구나." 하고 속삭이기도 한다. 꽃을 피우려면 많은 날을 기다려야 하는 것은 산모와 같은 노력을 하고 있는 것 같아서다. 대부분 아름다운 꽃을 보면 행복하다. 그러나 그렇지 않은 사람도 있다. 꽃은 마음의 평온을 찾는데 정서적인 도움을 받고 있다는 느낌이지 꽃이 행복을 주는 것은 아닌 것 같아서다. 그것은 젖을 먹고 있는 아기를 바라보는 엄마의 모습, 또 잠자는 아기의 얼굴은 세상 어떤 것도 부럽지 않은 평화로운 모습을 하고 있다. 그 모습에 취해 미소 짓고 있는 엄마, 이렇게 행복한 모습은 세상 어디에도 없는 것 같아서다. 잠에서 깨어 방긋 웃을 때, 눈이라도 마주치면 무엇이라 알 수 없는 소리를 하지만 아기의 옹알이에 취해 "응, 그래, 뭐라고?" 하면서 대화를 나눌 때도, 구슬 같은 맑은 눈망울로 쳐다볼 때는 나도 모르게 그 눈 속으로 빠져 들어가는 것 같다. 그러다 뒤집기를 하고 기어가기를 할 때도, 걸음마를 할 때도 엄마는 자기 아기만 하는 것처럼 자랑 아닌 자랑을 하게 된다. 그뿐인가 '엄엄, 아브, 아브'만 해도 아기가 말을 배운다고 입이 벌어진다.

유치원을 거쳐 학교로, 학교를 마치고 사회인이 되어도 보면 흐뭇하고 행복하다. 자식은 엄마에게 아무 물질적인 것 없어도 엄마라 불러만 주어도 행복하다. 그리고 잘 알아듣지도 못하시고 '여보세요'만 되풀이하시면서도 전화라도 자주 하라고 하던 어머니. 떠나시고 안 계신 지금에야 알 것 같다.

아이들을 좋아하는 나는 귀여워 해줄 손자가 있고 또 금년에 둘이 태어난다. 세월을 보낸 뒤 그때가 행복했다고 지난 시간을 그리워하기보다 나는 아직 행복할 수 있는 여건과 시간이 있다. 그래서 가장 행복한 엄마의 모습에서 가장 행복한 할머니의 모습으로 돌아가야지.

꿈이란 무엇일까?

어제는 시골에 계시는 고모님이 오셨다. 고모부가 손자를 데리고 아들 차를 타고 시동생 문병을 오신 것이다. 고모님은 유달리 친정 조카들에게도 정이 많으신 분이다. 고모님은 4살 때 어머니가 돌아가시는 바람에 그때부터 17살 새색시인 올케 내 시어머님의 품에서 엄마처럼 밤이면 가슴을 더듬고 자라셨다고 한다.

그런 고모님이 지금 둘째 조카가 불쌍해서 어떻게 하느냐고 눈물을 흘리신다. 남편은 너무 늦기 전에 다녀오자며 피곤한 것도 아랑곳 하지 않고 고모님을 모시고 병원에 갔다 왔다. 고모는 고모부께서는 코를 심하게 골아 조카 잠 못 잔다고 당신 곁에 와 자라고 하신다. 슬며시 방문을 열어보니 남편도 잠이 들었다.

다음날 잠에서 깼다. 꿈을 유난히 잘 꾸는 나는 악몽을 꾸면 남편이 깨울 때도 있다. 어젯밤에는 꿈이 끝나면서 잠이 깨었다. 이상하다. 처음 꾸어본 꿈이다. 다른 때는 생전에 가보지 않은 곳인데도 그곳에 자주 간다. 그런데 어제 저녁에는 어딘지 모르는데 사람들이 소복을 하고 머리에 하얀 모자를 쓰고 손에는 촛불을 들고 돌면서 행진을 한다. 염불은 영재, 영구. 영혼이라는 말을 반복한다. 그러다 나도 모르게 눈을 떴다. 고모님도 잠이 깨신 모양이다. 내가 꿈 이야기를 했더니 불공을 드리라는 것인가 보다고 하신다. 생각 같아서는 아침에 일어나 우면산 절에라도 가볼까 했으나 못 갔다.

고모님께 점심을 드시고 가라고 했지만 시간이 없어 딸도 못 보고 간다며 "서해안 고속도로로 한번 가 보자."고 하시며 아들을 재촉해 가신다. 어려운 걸음을 하셨는데 맛있는 것이라도 사 드리겠다고 했지만 좋은 일로 온 것이 아니니 마음 쓸 것 없다고 하신다.

고모님을 배웅하고 우리는 병원으로 갔다. 시동생이 아침은 뭘 조금이라도 먹었나 걱정도 되고 전화로 물으니 밤에 몸살처럼 아프다고 잠을 못 이루었다고 해 빨리 갔다. 청국장에 점심을 먹고 있었다. 커피를 한잔하고 동서에게 조심스럽게 꿈이야기를 했다. 집에서 남편에게도 했다. 그랬더니 동서는 자기가 아침에 일찍 일어나 금강경을 읽는다고 했다. 나는 그래서였나 보다며 아무 말 하지 않고 고모님 가셨다는 이야기만 했다. 동서는 들러서 갈 줄 알았는데 바로 가셨다고 서운해 하는 눈치다. 그러는 동서를 보며 나는 속으로 이제 누구라도 기대고 의지하고 싶은 게로구나 하고 그간 언짢았던 일들은 잊고 이해하기로 했다.

부메랑

모임에서 낙산사 근처를 여행하기로 했습니다. 날짜와 숙박장소를 미리 예약 돼있어 비가 내려도 출발했습니다. 버스가 뱀처럼 구불거리는 길을 달려 도착했을 때는 비가 개였습니다. 그날 밤 몇몇이 모래밭으로 나갔습니다. 촉촉이 젖은 넓은 모래밭, 높은 곳은 무대요 낮은 곳은 관람석, 바람소리와 파도소리를 반주삼아 목청껏 노래하고 춤추며 쇼를 벌였습니다. 어쩌면 그렇게들 노래를 잘 하고 귀엽게 흔드는지 놀라웠습니다. 술이 없어도 서로 마음에 맞은 사람들이라 그런 것 같았습니다.

다음 날 자유 시간, 불탔던 낙산사를 가는 사람, 해변을 걷거나 떠내려 오는 다시마와 미역줄거리를 줍는 사람, 모래밭에 앉아 쉬며 젊은 연인들이 즐기는 모습을 보는 사람. 일행 중 어떤 이는 젊은 연인이 튜브를 타고 들어갔다 놓치고 허우적거리는 것을 보고 구해주는 고마운 이가 있어 그를 칭찬하고 있었습니다.

그때, 감자떡장수 할머니가 왔습니다. 고사리 한 줌과 떡을 팔아달라고 하며 국산고사리라고 강조했습니다. 한 사람이 떡을 사고 한 사람은 고사리를 샀습니다. 감자떡장수 할머니는 모두 팔고나니 홀가분해서인지 묻지도 않은 이야기를 했습니다. 아침 일찍 고사리를 꺾어오고, 부지런히 감자떡을 만들어가지고 나왔는데 우리가 있는 이곳에 오면 팔 것 같았다고 합니다. 오 남매를 두었지만 남편과 사별하고 감자떡을 팔아 가르치고 결혼도 시켰고 이제는 서울 병원에 근무하는 막내아들만 남았는데 지금도 공부하느라 바쁘다고. 이번에는 전세금을 도와달라고 해서 해주었다고 푸념 아닌 푸념을 하며 앞으로도 계속 감자떡장수를 해야 한다고 했습니다. 푸념 아닌 푸념 속에는 홀로 고생하며 할 일 다했다는 자부심과 자식을 사랑하는 마음을 떳떳하게 자랑하는 것 같습니다. 손과 얼굴은 볕에 타고 앙상하건만 자식에게 의지하지 않고 힘닿는 데까지 일하겠다고 말하는 할머니, 세상 부모는 이렇게 자식을 사랑하는데 자식들은 알기나 할까요.

지금의 60~70세대, 그들 대부분은 시대의 경제적 어려움으로 잘 먹지도 배우지도 못하고 자랐습니다. 그래서 자식을 잘 먹이고 교육도 많이 시키겠다고 다짐했지만 경제적 어려움은 대물림처럼 힘들었습니다. 제대로 교육을 못 받고 자란 것이 한이 된 그들은 같은 삶을 물려주지 않으려고 허리띠를 동여매고 일하며 가르쳤습니다. 그러다 정부의 산아제한이라는 계몽운동, '적게 낳아 잘 키우자'로 번지면서 아이를 많이 낳은 사람은 야만인으로 여기기도 했습니다.

어쨌거나 산아제한 운동은 현실화되어 경제는 좋아졌지만 자식이 적어서일까요. 사회는 점점 이기적으로 변하는 것 같습니다. 사회도덕과 윤리가 멀어지는 것 같아 마음이 씁쓸해지는 것은 나만의 생각인지 모르겠습니다. 요즈음 부모들은 자식들이 좋은 대학 가는 것에만 열을 올리려고, 경제가 어려우면 밤과 낮, 물과 불도 가리지 않고 촛불처럼 자신을 불사르며 자식의 장래를 걱정하고, 인성공부가 아닌 입시성적만 강요하는 것 같습니다. 또 결혼을 해도 부모 걱정 없이 너만 잘 살면 된다고 바로 분가 시킵니다. 어떤 부모가 자식이 고생하는 것이 마음 편하고 좋을 수 있겠습니까. 또 자식의 부모 형제 생각은 멀어져 가지만 부모는 자식의 편리를 위해 사랑하는 마음으로 위로하다보니 이기적이 되는 것 아닐까요.

자식 집에 가는 것도 며느리 눈치를 봐야하고, 물질로 주고받는 것만이 사랑이라 생각한다면 혈육의 정이 아닌 거래가 아닐까요. 주고받는 거래라면 남과도 할 수 있는 일이지요. 하지만 부모 형제는 서로 그리워하고 헤어지면 아쉬운 마음이 들도록 사는 것이 짐승과 다른 점이 아닌가 생각합니다. 앞으로 우리 아이들은 어떤 며느리를 맞게 될까하고 생각해 봅니다. 이대로 간다면 너무 삭막할 것 같습니다. 옛말에 '모든 것은 뿌린 대로 거둔다'고 했는데, 우리 세대의 교육이 잘못된 것 아닌지 생각이 많아집니다. 지금 정부에서 다산을 권장하고 있는 것을 보면 지난날 산아제한은 한치 앞을 모르고 한 처사가 아니었나 생각되기도 하고, 인구문제가 부메랑처럼 돌아오듯이 지금 우리의 이기적인 생활이 앞으로 자식들에게까지 미치지 않는다고 보장할 수 있을까요.

휴게소에서 점심을 기다릴 때, 맞은편에 앉은 이가 이렇게 말을 했습니다.

"요즈음에도 며느리 집에서 자고 다니는 사람이 있다고 하는데?"

자못 의아스럽다는 투였습니다. 그때 나는 아무렇지 않게 "그러면 안 되나요? 나도 자고 다니는데." 했습니다. 요즈음은 아들집에 가려면, 며느리 힘드니 밥은 밖에서 먹고 가는 거라고 하더군요. 하기야 좋은 시어머니가 되려면 김치도 담가서 경비실에 맞기고, 손자 용돈은 통장으로 넣어주는 사람이어야 한다는 말을 오래전 들은 적이 있습니다. 한데, 얼마 전에는 아들집에 갔다가 며느리가 없으면 문을 열고 들어가서는 안 된다는 말을 들었습니다. 그러면 아들집에 갔다가 되돌아오거나 길거리에서 기다려야 한다는 말인가요? 며느리도 내 자식인데, 며느리가 불편하면 내 아들도 불편하다는 것을 알고 있지만 자식집에 가는 것도 눈치를 봐야한다면 부모라는 삶의 생이 너무 씁쓸할 것 같습니다.

집에 돌아온 나는 며느리에게 낮에 있었던 말을 했습니다. 다행히 며느리들은 아니라고 "오시면 언제든지 저희들이 없어도 들어와 계신다면 덜 미안할거라면서 그런 사람이 어디 있겠어요." 하며 속상했겠다고 위로했습니다. 우리 며느리들은 처음부터 현관 카드를 주면서 언제든지 오라고 하던 아이들입니다. 또 한동안 가지 않으면 무슨 일 있느냐고 전화하는 것을 보면 진심으로 가족을 사랑한다고 믿습니다. 나 또한 내 어머니가 그리 하셨듯이 사랑할 수밖에 없는 착한 아이들이라고 생각하며 내가 없는 날이 되어도 그들 마음속에 남는 시어미가 되도록 사랑하며 살다 가렵니다.

핑크 비늘 같은 하늘

새벽에 잠이 깬다. 지난 달 25일 5시에 하늘빛을 잊을 수 없어 오늘도 옥상으로 올라갔다. 조각달이 아직 밝은 빛으로 남아 있다. 그런데 며칠 전 그 빛이 보이지 않는다. 길 건너편에 있는 은행건물이 가리고 있다. 나는 실망했다. 하늘을 마음대로 볼 수가 없는 이 땅에 살고 있음이 삭막하다.

차라리 올라오지 말 것을 하면서 내려오려다 보니 애호박이 열려 있다. 애호박을 따면 피처럼 하얀 액을 흘리면서도 또 열리고 순리에 따라 어미 역할을 수행한다. 아름다운 하늘빛은 보지 못하고 애꿎은 애호박을 쳐다보며, '내가 호박 염라대왕?' 하고 생각이 들자 또 막내 생각이 난다.

신은 열매를 맺게 하고, 때로는 어느 날 갑자기 자라지 않은 어린것을 데려가 버리니 말이다. 내가 호박을 심어 놓고 반질반질 예쁘게 자라는 애호박을 보면서 며칠 있으면 따올 수가 있을까! 하듯이.

사실은 잠에서 깨어 막내 생각이 나 다시 잠들기 힘들어 올라왔다. 지난 100일 기도 때다. 전라도에 있는 사찰에 유골을 두고 기도를 다녔다. 그러다 49일 만에 한 줌의 재로 뿌린 다음 100일 기도를 해주면 좋다는 말에 새벽에 일어나 사찰로 가기 위해서다. 새벽에 일어나 고속터미널로 가는데 하늘빛이 너무 아름다웠던 생각이 나서 오늘도 그 빛을 보려고 올라갔다 왔다. 하늘빛은 그날처럼 예쁘지 않다. 핑크빛 구름은 날이 밝아 오면서 하늘높이 올라 달빛과 함께 하얗게 변한다. 날이 새면 달도 따라 늙는 것일까, 왜 하얀색으로 변할까, 구름도 하얀색으로 변하니 늙으면 모두 하얀색이 되는 걸까. 시간이 흘러 종말이 온다면 지우개로 지워 백지가 되듯이 모두 지워지고 백지의 세상이 올까. 그렇다면 하얀색은 좋은 걸까, 생각하니 그런 것 같다.

더러운 것 모두 씻어 하얗게 하면 좋을 것 같다. 원망과 미움 모두 비워버리면 어두운 죄악이 사라진 아름다운 세상, 그리고 아름다운 것이 무엇인지 좋은 것, 나쁜 것도 모르는 백치의 세상, 죽음이라는 것이 무엇인지도 모르는 그런 세상이 있다면 좋을 것 같은 요즈음 생각이다. 막내가 가던 날 바로 그 시간쯤에 번개가 치고 바람이 한 시간 가량 무섭게 불고 추웠다. 그리고 제 형들이 사찰에 유골을 두고 돌아설 때도, 천둥 번개가 치고 비바람이 불더니 집에 도착할 때서야 개었다. 그래서 형들은 동생이 서러워 눈물을 흘린 거라고 했다. 추모 하는 날이면 궂은 날씨도 맑게 개이고 휴일이 되어 가족 모두를 참석하게 했다. 그날 처음 보는 고운 빛으로 먼저 가버린 것을 사죄하는 마음을 보여 주는 것은 아닐까. 이승에서 살면서 죽을 만큼 죄를 짓고 살지는 않은 것 같은데 가버렸으니 알 수 없는 일이다. 아니면 내가 전생에 지독한 원한 관계가 있어 나에게 이렇게 아픔을 주는 것일까. 아이들은 막내가 억울하게 간 것이라고, 죄가 없으니 좋은 곳에서 우리를 보고 있을 거라고 슬픔에 젖어있는 어미를 달랜다.

그리움

특별히 볼일이 없으면 늘 곁에 있어 말벗이 되어준 큰며느리가 고맙다. 며느리를 맞이하고 얼마 되지 않아 갑자기 막내를 잃었다. 그래서 막내이야기를 서슴없이 나누는 상대다. 때로는 며느리가 듣기 거북할지도 모른다는 생각을 하면서도 하루에 이름 한번 불러보지 않고는 견디기 힘든 어미. 내 곁을 떠나버린 지독히 미운 놈을 잊으려 해도, 잊지 않으려 해도. 때로는 너무 그리워 그려 보지만 뚜렷이 떠오르지 않고 희미해 고통스러웠다. 내 눈으로 보고 만지고 손 안에서 모래 같이 마지막까지 달아나는 것을 보았다. 찾아 헤매는 것이 허상임을 알면서도 마음을 잡지 못한 어미는 언제쯤이면 이승이 아닌 저승에서는 진정 만날 수는 있을까 허공을 바라보면서 그리움을 달래는 것만이 생활이 되어 버렸다.

남편과 밖으로 나가 산천을 봐도 내 마음은 공허할 뿐이다. 머릿속에는 온통 이승을 떠날 때 막내의 고통이 얼마나 컸을까 하는 생각에 사로잡혀있다. 혼자 얼마나 힘들었을까. 그 순간 엄마를 얼마나 불렀을까. 살려달라고 혼신의 힘을 다해 외쳤을 터인데. 이러한 환상이 나를 붙들고, '저녁 먹고 오겠다'고 그날 저녁에 걸려온 말들이 귀에서 맴돌며 나를 놔 주지 않는다. 어디에 있다가 올 것만 같은데 그곳이 어디일까. 늘 어미 얼굴에 대고 비비며 속삭이고, 외출했다 돌아오면 어미를 꼭 안아주던 녀석. 밤늦은 시간 냉장고 열고 먹을 것을 찾고, 늦게까지 기다릴 때면 살그머니 문 열고 발소리 죽이며 "주무시지. 왜 기다리고 있어요? 잠이 안 왔어?" 하면 "그래, 네가 들어오지 않는데 엄마가 잠이 오니? 조금만 더 일찍 다녀라." 하면 "알았어요." 하고 속삭였던 녀석. 나를 가장 많이 닮은 막내. 이런 너를 잊고 살아간다는 것은 있을 수 없다. 진자리에서 떠나도 부모 가슴에 무덤이 된다는데, 사회 문턱, 아니 사회의 일원으로 활동하다 갑자기 저녁 먹자는 친구 전화를 받고 갔다 싸늘한 몸으로 돌아온 막내아들. 너는 무슨 죄로 이렇게 큰 변을 당하고, 나는 이런 시련을 감당해야 하는지 천지신명께 항의한다. 내게서 행복을 빼앗을 거였으면 차라리 나를 데려가지 하늘도 땅도

무심하다. 아무리 불러봐도 대답은 없고 허공을 가르는 통곡의 외침뿐이다. 하늘도 사람들 소근거림도 모두 무서워 밖에 나갈 수 없다.

남편과 남은 두 아들의 가족이 나를 지켜 주고 있지만 지금도 막내의 체온이 그립기만하다. 소지품 하나도 없애고 싶지 않다. 아이의 옷에 얼굴을 묻고 흐느껴 본다. 사진을 들여다본다. 내가 느낄 수 있는 행복이란 여기까지 뿐이었다는 말인가! 지금은 이 환상 속에서나마 깨어나고 싶지 않다. 주위에서 남은 가족을 위해서 깨어나라고 한다. 그래야겠지 하면서 매일 사진을 바라보지만 아무 말 없이 묵묵히 미소만 짓고 있는 내 막내는 아무리 세월이 흘러도 어미가 살아 있는 동안 저렇게 액자 속에서 웃으며 말없이 지켜만 보고 있겠지.

꿈

나도 모르는 사이에 잠이 들었다. 예전엔 밤중에 잠이 깨어도 아무렇지 않았으나 요즈음은 너무 괴롭다. 그런데 꿈을 꾸다 잠이 깨 눈을 뜨고 시계를 보니 새벽 3시.

꿈속에서 나는 아이가 다니던 초등학교를 갔다. 내 아이의 손을 잡고 다른 부모들과 함께 1교사에 있는 5학년 1반 교실로 갔는데 어찌 보니 모두 복도에 있다. 무릎을 꿇었는지 앉아 있는지는 잘 모르겠다. 그곳에 하늘나라로 간 내 막내가 7, 8살쯤 된 아이가 되어 있다.

나는 서쪽 교무실을 지나 끝에 있는 교실까지 갔다. 되돌아 2~3교사를 연결하는 통로를 지나서 다시 막내 있는 곳으로 온다. 이번에는 남편과 같이 오는데 이상하다. 분명히 우리는 아이 곁으로 가야 하는데 아이 눈을 피하고 있다. 아이는 나를 찾고, 남편은 아이를 피해 빨리 오라고 하면서 나를 잡아끌어 당긴다. 나는 끌려가며 아이를 쳐다보면서도 아이에게 들키지 않으려고 기둥 뒤에 숨으며 간다. 나는 엄마를 찾는 아이를 두고 빠져나오고 말았다.

운동장으로 나온 나는 남편에게 "아이를 데리고 가야지 두고 가면 어떻게 하느냐."고 했다. 남편이 다른 사람에게 데리고 오라 하고 집에 가서 버스비를 보내주면 된다고 한다. 부슬비가 오는데 나를 데리고 버스길로 오다 정신없이 논길로 밭길로 온다. 두고 온 아이 생각에 나는 걷기도 힘들지만 할 수 없이 남편을 따른다.

길은 어릴 때의 고향 그대로인데 어느새 초겨울이 되었고, 언덕 서너 개를 뛰어 넘고 살얼음이 얼어 있는 언덕을 기어 올라간다. 오르다가 흙이 부서져 다시 오른다. 먼저 오른 남편이 내 손을 잡아 당겨준다. 이곳에는 보리밭 같은 풀이 살얼음으로 덮여 있다. 아주머니들이 어디를 가려고 하는지 내려오고 있다. 두고 온 아이 생각에 '빨리 돈을 보내야 한다'고, 아주머니들에게 우리 아이 버스비를 빨리 보내줘야 한다면서 나도 모르게 눈을 떴다. 시계는 새벽 3시다.

나와 서른두 해를 살고 떠난 내 아들이 어린아이가 되어 있으니 어찌된 것일까. 보여 주려거든 며칠 전 보여줬던 좋은 모습으로나 보여줄 것이지. 나는 그 후로 잠을 이룰 수가 없었다.

4월 8일 밤

어찌어찌 하다 잠이 들었다. 내 막둥이를 모르는 남자 둘이 밀고 당기고, 아이는 나를 부르고 뒤돌아보며 가지 않으려고 발버둥친다. 그러자 건장한 남자들이 양쪽에 팔짱을 끼고 막둥이를 데리고 간다. 나는 놀라 눈을 뜨고 말았다. 시계는 12시 40분 막내가 떠나던 그날 그 시간이다. 괴로워 뜬 눈으로 날이 밝았다.

4월 9일 밤

11시가 지나고 12시가 가까워 오면서 가능하면 자다가 일어나지 않기를 바라며 잠을 청한다. 12시에서 1시 30분 사이는 너무 고통스러운 시간이다. 잠이 들어 꿈을 꾸기 시작했다. 그립던 막둥이를 만났다. 옛날 친정집이다. 엄마의 방이다. 그곳에 나도 있고 막내 석이가 방에서 부엌으로 가는 문을 여는 곳에 약간 비스듬히 눕지도 앉지도 않은 채로 있다. 청바지에 상의는 아무것도 입지 않았다. 내가 아랫목에 앉아서 "왜 그랬니?" 했다. 막내가 약을 먹었다고 한다. 어떻게 할 수 없었다고 하며 내 곁으로 와 나를 붙잡고 물을 달라고 한다. 물을 주었더니 마시면서 저를 빨리 병원으로 데려가 달라고 한다. 그리고 붙들고 있는 나에게 티셔츠 칼라가 해어졌으니 다른 것을 달라고 한다. 연회색 티셔츠는 벗어버리고 물을 다 마신 아이에게 자주색 티를 주면서 오른쪽 어깨에 손을 넣고 일으키는데, 멀리 있는 병원으로 가자고 한다. 신촌 세브란스냐고 물으니 아니라고 한다. 그러면 여기 성모병원으로 가자고 일으키면서 '이제는 살았구나' 하는데 '아니 그런데 왜 지금까지 이렇게 두었지' 하는 생각과 함께 '화장을 해서 그런 거야, 그래서 그렇지' 하면서 잠에서 깼다. 시계는 3시다. 다시 잠이 드는가 싶었는데 또 꿈을 꾸다 소리를 질렀다. 다시 막둥이를 만났다. 역시 친정집이다. 이번에는 연한 초콜릿 빛 바지에 노랑 면티를 입고 배추꼬리를 먹으면서 부엌에서 밖으로 나오고 있다. 옆집에서 내 아이를 죽인 본인은 도망을 가고 차주가 왔다고 한다. 막내시동생과 이야기까지 하고 왔는데 집에서 만나고 보니 너무 반가웠다.

"막둥아, 이게 웬일이냐? 너 왜 그랬니? 어찌된 거야?" 하고 묻는데 마당에 꼬꾸라지더니 "엄마 힘이 없어져요. 힘이 빠져요. 엄마 어떻게 할 수가 없어." 하면서 팔을 벌려 호소하는데 팔이 뒤틀린다. 내가 부둥켜안고 있는데 힘이 빠지고 만다. 나는 빨리 병원으로 가자고 소리치며 쓰러진 아이를 끌어안고 가는데 막내가 내 턱을 꼬집는다.

"너 왜 이러니? 도대체 왜 엄마를 이러는 거니?" 하면서 땅에 내려놓고 아이를 두들기고 발로 차면서 울부짖으며 몸부림쳤다. 얼마나 소리를 지르고 울었던지 옆에서 자던 남편이 깨운다. 청심환을 먹고 겨우 잠든 남편을 깨우고 말았다. 어떤 꿈을 꾸었느냐고 묻는다. 나는 막내를 봤다고 이야기를 하고 "아마 정을 떼려고 그러나 보다."고 했다. 남편은 "자슥, 정을 떼기는 무슨 정을 떼어 나도 살고 싶은 생각 하나도 없는데." 하면서 "당신이 항상 생각하고 있으니 그렇지." 한다. 새벽 4시다. 우리 앞에 간 나쁜 놈이라고, 떠난 아이 생각 말고 남은 자식들 의지하고 살다 가자고 한다. 매일 밤 악몽을 꾸니 남편도 잠을 설친다.

큰며느리가 왔다. 요즈음 이런 일이 있은 다음 함께 밥을 해 먹는다. 나는 꿈에서 아이를 보았다고 말했다.

"저도 보았어요. 그런데 어머니도 보셨어요."

"그래 너는 어떤 모습을 봤니?"

나는 꿈속에서라도 보았다는 그 말이 반가웠다. 그 아이에 대한 것이라면 무엇이던 한없이 듣고 싶다.

"저는 그냥 평소처럼 컴퓨터 앞에 앉아서 오락하고 있었어요. 그래서 식구 모두 민수도 동서도 있어 과일을 깎아 놓고 먹으면서 하라고 했더니 먹는 것보다 오락하는 것이 더 좋다고 하면서 오락만 하고 있었어요."

너무 보고 싶다. 지금 심정으로는 십 년 세월도 한 시간에 갔으면 좋을 것 같다. '잊어버려라, 어찌 하겠는가' 하는 다른 사람들의 말은 위로가 되지 않음을 나는 알았다. 차라리 평소 그 아이에 대한 이야기를 해주는 것이 더 위로가 되는 것 같았다. 부모 형제와는 다른 이 아픔을 겪어 보지 않은 사람은 모른다. 제 운명이 다해 갔다고 하지만 그것은 단 몇 초뿐이다. 앞으로 내가 갈 시간은 얼마나 남았을까! 내가 이곳을 떠나는 날 미련 없이 웃으며 오라고 길을 안내 하러 먼저 떠났을까!

아들의 목소리가 너무 듣고 싶다.

항아리 속에 추억을

어느 음식점 앞에 커다란 항아리가 포개어 줄 서 있는 것을 보았다. 옛 생각이 나며 정이 간다. 혼자 마음속으로 행복했던 시절을 그려 본다. 겨울이면 장독 위에 눈이 소복이 쌓이고, 소금을 담아두었던 항아리를 냉장고처럼 쓰시던 시어머니, 어머님은 그 안에 생선이나 고기를 넣어두셨다. 그때는 항아리를 아무런 느낌 없이 지나쳤는데, 지금은 항아리를 보면 어머님의 얼굴이 떠오른다. 젊은 시절의 행복이 떠올라 말없는 내게 남편이 저녁을 먹고 가자고 한다. 남편은 고기를 별로 좋아 하지 않지만 다른 가족을 위해 갈비집으로 갔다.

집에 오니 시골에 계시는 고모님이 숙부님 댁에 오시는 길에 우리 주려고 게장을 담가 오셨는데 우리가 집을 비워 없자 가게에 맡겨 놓고 가셨다. 밤이라 바로 전화를 못하고 다음 날 낮에 전화를 했지만 받지 않아 안 오시는 것으로 알았는데 고모님은 숙부님댁에서 하루를 보내고 딸집에 들렀다 밤에 우리 집으로 오셨다. 고모님은 오셔서 간장독도 열어 보시고 이런 저런 이야기를 하시다 고추가 들어 있는 것을 보고 말씀하신다. 고춧가루도 8월 말경에 빻아서 장독 항아리에 두면 여름이 되어도 벌레가 생기지 않는다고 하신다. 재작년 고추를 비닐봉지에 넣어 옥상 방에 두었는데 나방이 생겼다. 그러나 지난해에는 화분에서 빨갛게 읽은 고추를 따서 장독 뚜껑에다 말려 항아리 속에 두었더니 그대로 있는 것이다. 이제는 고추도 고춧가루도 항아리에 보관하기로 했다. 그리고 큰 항아리 속에 깨끗한 종이를 깔고 감을 차곡차곡 넣어 두었다 연시가 되면 겨울 내내 하나씩 꺼내 먹는다. 현대 과학이 발달해 좋은 것도 많으나 옛 선조님들이 만드신 지혜에 감탄하지 않을 수 없다.

길을 지나다가 항아리가 있는 모습을 보면 고향처럼 따뜻하고 포근한 정을 느낀다. 옛날 그 시절에 장독이 떠오르면서 그 때가 그리워진다. 눈이 소복이 쌓이는 장독대, 햇빛 따뜻한 한 낮에는 빠끔히 얼굴을 내밀듯 보이는 항아리에서는 사랑이 피어나듯 따뜻한 김이 살살 보이는 것 같기도 했다. 부모란 사랑을 가득 담겨 깨지지 않은 항아리 같은 것 아닐까! 지금 내가 시어미가 되고 할머니가 되어 안 계시는 부모님을 떠올려 본다. 항아리는 무엇을 두어도 변하지 않고, 오래 간직하고 잘 사용할수록 그 진가를 더하는 것 같다. 항아리 속에 물건을 외부로부터 보호하듯, 나 또한 항아리 속에 아름다운 추억을 담아 언제까지나 변함없는 마음의 항아리가 되어 보리라.

아들에게 보내는 편지

사랑하는 내 아들에게.

내 아들 막내, 현석아.

아무리 불러도 너는 대답이 없구나. 이 못난 엄마는 네가 그리워 무척 힘이 든다. 무정한 녀석아 봄이 되고 꽃이 피면 떠난 사람도 돌아온다고 기다리는데 너는 따뜻하고 아름다운, 이렇게 좋은 날에 내 가슴에 아니 부모형제의 가슴에 너의 흔적만 남기고 가버렸니. 어디에 가서 너를 만날 수 있다는 말이냐. 너를 만날 수 있다면, 하늘 아래 어디엔가 네가 있다면 찾아가련만 너를 찾아갈 곳은 없구나. 너와 내 인연은 이것뿐이더란 말이냐? 지난날 그 참기 어려운 날에도 나는 너를 등에 업고 한 시도 떼어 놓지 않았거늘 어찌 너는 삼십 년이 넘도록 내

가슴에 이어온 천륜을 끊고 떠나 버린 거냐.

3월 18일 아침 너는 나에게 "엄마 다녀 오겠습니다." 하고 웃으면서 뒤돌아보고 나갔었지. 그리고 저녁 일곱 시에, "엄마, 어디 있어?" "엄마는 밖에 있다."

"응 나 저녁 먹고 간다고."

"그래 너무 늦지 말고 좀 일찍 들어오너라."

"알았어 엄마." 하던 너는 어찌 엄마를 이렇게 속이고 오지 않는 거냐! 어쩌라고 이렇게 찾을 수 없는 곳으로 가 버렸니! 네가 없으니 우리의 행복이 깨져버렸다. 형들은 아빠 엄마에게 더 잘 하려고 노력하고 있는데 떠난 네가 그리워 아빠와 엄마는 흐르는 눈물 주체할 수 없구나. 너무도 힘이 들 때는 너를 유학 보냈다고 생각하려고 하지만 그것도 마음과 행동은 항상 다르구나. 이곳저곳 어디를 보아도 너만 눈에 선하다.

아침에 눈을 뜨고 일어나 네 방으로 가서 너를 일어나라고 깨우던 날, 일어나지 않는다고 네 얼굴에 어미 얼굴을 비비던 그때가 그립다. '엄마, 일어날 게요' 하던 그때 말이다. 지금도 일어나 습관처럼 너의 방에 가서 침대를 바라보곤 한다. 이러는 어미를 너는 내가 보이지 않은 곳에서 보고 있지나 않느냐? 그래 무슨 일이 그처럼 생을 버리게까지 힘들게 괴롭혔니? 그 아이들이 악마로 느껴지는 때가 많다. 그렇게 생각을 하지 말자고 하지만 그날 밤 너를 불러 내지 않았으면, 그들이 너를 편하게 했다면 하는 생각이 떠나지 않아. 그리고 그때 119에 전화만 바로 했더라면 하는 원망이다.

그렇게 답답하면 가족에게 말했어야지. 내가 너를 그렇게 못난이로 키웠다고 생각하니 이것이 천벌인가. 내게서 너를 빼앗아 가버린 것인가 싶기도 하다. 하지만 이것은 너무 한 것 같다. 눈으로 보지 말고 입으로 말하지 말고 가슴 속에 두고만 보라는 신의 뜻일까 하는 생각이 들기도 하지만 보지 못하고 말할 수 없다면 그것은 고역이지 않겠니?

너는 너무도 잔인하다. 아니 신이 있다면 묻고 싶구나. 얼마큼 큰 죄를 지었기에 내게서 너를 그렇게 황망하게 빼앗아 갔는지, 잘 못살아 왔다면 내게서 네가 아닌, 우리 가족의 생명이 아닌 다른 벌을 줄 것이지. 원망이 아닌 참회를 하도록 할 일이지 이처럼 가혹한 벌을 준다는 말이냐.

“내 막둥이, 현석아! 그곳은 있을 만한 곳이냐?”

언제쯤 너를 볼 수 있을지 그때가 그립고 기다려진다. 네 주머니에 돈은 어디에 쓰려고 넣어둔 거냐? 항상 돈 없다고 하던 네가, 10만원 이상은 가지고 다니지 않던 네가 지갑에 돈을 많이 가지고 있던 것은 웬일이었더냐?

어제도, 오늘도 네 옷장을 열고 네 침대에 누워 너를 생각한다. 다른 사람들은 네 소지품을 버리라고 하지만 나는 가지고 있으련다. 네가 우리 곁을 떠나고 싶어서 간 것이 아니라는 것을 알기 때문이다. 그리고 우리가 너를 빨리 잊으면 서러울 것 같아서 말이다. 그러니 항상 좋은 일로 가족들을 보살펴 인도하고, 엄마 아빠가 너를 만나러 가는 날 두려움 없이 웃으며 갈 수 있게 인도하거라.

사랑하는 내 막내 현석아! 네 형들도 너를 잃은 슬픔에 잠기지만 아빠 엄마를 달래기 위해 노력한다. 네가 준 이 슬픔을 너를 대신해서 위로하고 있으니, 그것을 아는 우리도 형들 앞에서는 슬픔을 감추려 하지만 그게 쉽지 않다. 너는 우리가 보고 싶어 할 때 꿈에서라도 네 모습을 보여주기 바란다. 그것이 네가 그곳에서나마 할 수 있는 일이 아닌가 싶구나.

나는 너의 사진을 볼 것이다. 안경을 끼지 않은 사진이 하나도 없구나. 근래의 사진이 없어 몇 년 전 가족사진을 다시 확대해서 네 모습을 간직하기로 한다. 사랑하는 내 아들아 오늘도 그날처럼 날이 차구나.

자연과 가족, 그 진한 사랑의 미학

- 수필집 『가을빛으로 남고 싶다』에 부쳐

오창익

(수필가 · 創作隨筆 발행인)

소설이 작자가 독자에게 들려주는 사실적인 '인간학'이라면, 수필은 주지하다시피 작자가 작자자신에게 고백하는 '人生學'이다.

그래서인가, 고길자 님의 첫 번째 수필집 『가을빛으로 남고 싶다』에 실린 34편을 읽어보면 일상적인 사연인가 하면 너무나 진지하고, 솔직한 고백인가 하면 너무나 인간적이다.

그건 분명 창작수필의 본질인, 잃었거나 잊혔던 자아를 회수

(回收)하고, 그를 반추(反芻)하고 의미를 부여함으로써 새로운 나를, 내가 다시 새롭게 만났기 때문일 것이다.

그 역사적인 만남의 기록인 51편이야말로 책의 명제가 시사하듯 가을빛이 주는 은혜로운 정서와 그 가을이 담고 있는 깊은 의미를 중심사상으로 하고 있음은 물론이다. 그 정서와 의미가 곧 고길자 님 수필의 본질이자 성격이다. 심고, 키우고, 거두고, 저장하는 마음의 귀한 기록들이다.

해서, 그의 수필에는 뒤돌아보며 지나온 날들에 머리 숙이는 '감사'가 있고, 앞을 내다보며 내일 위해 합장하는 '기도'가 있다. 그 기도와 감사는 번잡한 도시를 벗어나 산과 구름, 나무와 물을 벗하며 농사짓고 글을 쓰는 작자의 일상과 결코 무관하지 않다. 그러니까, 그의 수필세계를 한마디로 줄인다면 '자연과 가족, 그 뜨겁고도 진한 사랑의 미학'이라 말할 수 있다.

그 미학의 세계를 소재와 주제별로 가름하면, 우선 소재는, '자연친화'와 '가족사랑'이다. 그를 다시 주제별로 세분하면 자연친화는 '감사' 와 '공생(共生)'이고, 가족사랑은 '그리움'과 '생명애'다.

편의상, 『가을빛으로…』를 읽는 많은 독자를 위해 필자는 앞에 든 그 4구분한 주제를 극명하게 압축한 한두 문단을 예시해 보기로 한다. 먼저 '감사'다. 이는 작품집의 명제이자 작자의 출세작이기도 했던 「가을빛으로 남고 싶다」의 앞머리 두 문단이다.

가을은 아름답다. 여름의 활력을 보듬어 속살로 굳힌 신령스런 가을빛이 있음으로써 더욱 아름답다. 그래서 사람들은 가을 석 달을 보다 알뜰하게 살기 위해 익히는 가을, 수확하는 가을, 보내는 가을로 나누어 감사와 풍요를 누리는가 보다. (감사.1)

이렇듯 곱게 머물렀던 가을은 떠날 때도 화려하고 곱다. 역시 최선을 다한 자의 뒷모습 같은 가을빛 때문이다. 찬바람이 오기 전에 지녔던 모든 것을 아낌없이 주고 간다. 그래서 가을은, 아니 가을빛은 질서와 순환의 미덕, 그 아름다움까지를 느끼게 한다. 그래서 감사하다. (감사. 2)

다음은 '공생' 부분이다. 상생이 아니라 더불어 사는 '하나 됨'이다. 그 '하나'를 위해 더불어 사는 기쁨과 즐거움을 주제화 했다. 물심일여(物心一如)의 하나 됨이다. 작품 「특별한 손님」과 「고라니에게 부탁한다」에서 한 문단씩을 본다.

추석 명절이라고 북적이던 친척과 아들 손자들이 다 가고 일상으로 돌아오니 조용하다. 그런데 밤에 화장실 문을 열고 들어가려는데 파란 청개구리가 놀라 쳐다본다. 들어가려다 말고 남편을 불렀다, 청개구리가 들어 왔다고. 낮에 쩌렁쩌렁 한 목소리를 울리더니 어느 틈을 타 들어 왔는지……반갑기도 하

다. 나도 이제 차츰 자연인이 되어가나 보다. (공생)
-「특별한 손님」 중에서

그러니 고라니가 풋풋한 보리의 맛을 싫어할 리가 없다. 하지만 "고라니야 지난여름 콩은 네가 세 번이나 다녀가더니 너를 탓하게 되더라. 그래, 보리는 조금만 먹고 남겨 둬라. 나도 씨앗을 뿌렸으니 나눠 먹어야 하지 않겠니?"라고 혼잣말을 한다. (공생. 2) -「고라니에게 부탁한다」 중에서

다음은 '가족사랑', 즉 '그리움'과 '생명애'의 구분이다. 사랑, 주지하다시피 그 사랑의 본질은 '생각함'이다. 생각하고, 또 생각하는 그 '절대적인 몰입'에 뿌리를 둔 게 곧 사랑이다. 해서, 그 사랑의 대상이 피를 나눈 가족일 때는, 여타 산문과는 달리 작자 자신이 늘 자기 작품에 주인공이 되는 수필에서는, 만남과 헤어짐 그리고 그리움과 기다림은 거의 '생명적'이라 할 수 있다. 그 생명적인 마음을 뜨겁게 담고 있는 작품군이 바로 「가족사랑」, 즉 '그리움'과 '생명애'다. 먼저 그리움의 마음자리를 작품, 「가을과 며느리」와 「그리움」에서 본다.

내 며느리가 예쁘다. 시어머니도 이러셨던가 보다. 젓갈 들어간 김치를 먹지 않는다고 별도로 담아주시던 어머니. 김치가 떨어졌다고 하면 내가 일어나기도 전 왕복 2~30분 걸리는 밭

에까지 가서 배추를 뽑아다 며느리 손 아린다고 손수 버무려 아침상에 올려주시던 어머니가 그립다. (그리움. 1)

-「가을과 며느리」 중에서

남편과 남은 두 아들의 가족이 나를 지켜 주고 있지만 지금도 막내의 체온이 그립기만하다. 소지품 하나도 없애고 싶지 않다. 아이의 옷에 얼굴을 묻고 흐느껴 본다. (중략) 매일 사진을 바라보지만 아무 말 없이 묵묵히 미소만 짓고 있는 내 막내는 아무리 세월이 흘러도 어미가 살아 있는 동안 저렇게 액자 속에서 웃으며 말없이 지켜만 보고 있겠지. (그리움. 2)

-「그리움」 중에서

다음은 끝으로 '생명애'다. 이는 고길자 님 수필의 큰 흐름인 '자연친화'와 '가족사랑'을 한데 아우르는 합수머리와도 같은 귀한 마음자리다. 앞에서 밝혔듯이 도시를 벗어나 심고 거두는 전원생활을 하는 그에게 있어, 특히나 그 일상을 소재로 글을 쓰는 그에게 있어 '생명애'는 가히 심장과도 같은 주요 부위라 할 수 있다.

이제 그 심장에서 뛰는 힘찬 박동소리를 작품 「길고양이와 말 걸기」, 「업둥이」에서 들어 본다.

바둑이 소리가 자꾸 내 귀를 맴도는 것이, 그놈에게 무슨 일이 있나보다. 두리번거리며 주위를 둘러보니 바로 등 뒤 의자 아래서 다리를 쭉 펴고 누워 나를 본다. "왜 그래?" 하며 살펴보니 배가 홀쭉 들어가 있다 "배고프니?"라고 말을 걸을 때마다 길고 짧게 대답하듯 야옹소리를 낸다. 멸치 몇 마리와 밥을 가져다주었다. 이번에도 크고 길게 "야옹" 하고 맛있게 먹는다.(생명애. 1)

-「길고양이와 말 걸기」 중에서

아침에 보았던 꽃다발이 그대로 있다. 누가 또 버렸을까. 나는 버려진 꽃을 묻어야지 하면서 나갔다. 그런데 이게 웬일인가 꽃은 시들지 않고 나를 보자 연둣빛 강보에 싸여 있는 아기처럼 파르르 떨면서 웃고 있다. 영하의 추위에도 아침부터 저녁까지 시들지 않은 것은 나를 기다린 것 같았다. 불쌍하기도 하고 반가운 마음으로 들고 안으로 들어오며 '추웠지? 몹쓸 사람 누가 그랬을까 빨리 물에 담궈 줄게' 하고 중얼거리며 아직 피지도 못하고 머물러 있는 빨강 장미와 안개꽃을 안고 들어왔다. (생명애. 2)

-「업둥이」 중에서

축하한다. 『가을빛으로 남고 싶다』」의 탄생을 진심으로 경하한다. 제2, 제3의 작품집 상재를 기대하면서, 두서없이 쓴 독후감을 여기서 접는다.